스타트업을 위한 실용주의 마케팅

GROWTH HACKING

그로스 해킹

라이언 홀리데이 저 · 고영혁 역 / 편저

길벗

그로스 해킹

초판 발행 · 2015년 4월 13일
초판 17쇄 발행 · 2024년 1월 15일

지은이 · 라이언 홀리데이
옮긴이 · 고영혁
국내 사례 편저 · 고영혁
발행인 · 이종원
발행처 · (주)도서출판 길벗
출판사 등록일 · 1990년 12월 24일
주소 · 서울시 마포구 월드컵로 10길 56(서교동)
대표전화 · 02)332-0931 | **팩스** · 02)322-0586
홈페이지 · www.gilbut.co.kr | **이메일** · gilbut@gilbut.co.kr

기획 및 책임편집 · 안윤경(yk78@gilbut.co.kr) | **디자인** · 배진웅 | **제작** · 이준호, 손일순, 이진혁, 김우식
영업마케팅 · 임태호, 전선하, 차명환, 박민영, 지운집, 박성용 | **영업관리** · 김명자 | **독자지원** · 윤정아
교정교열 · 윤신례 | **전산편집** · 도설아 | **출력 및 인쇄** · 예림인쇄 | **제본** · 예림바인딩

ISBN 978-89-6618-931-1 93000
(길벗 도서번호 006767)

정가 13,800원

독자의 1초를 아껴주는 정성 길벗출판사

(주)도서출판 길벗 | IT실용, IT/일반 수험서, 경제경영, 취미실용, 인문교양(더퀘스트) **www.gilbut.co.kr**
길벗이지톡 | 어학단행본, 어학수험서 **www.eztok.co.kr**
길벗스쿨 | 국어학습, 수학학습, 어린이교양, 주니어 어학학습, 교과서 **www.gilbutschool.co.kr**

페이스북 · www.facebook.com/gilbutzigy | 트위터 · www.twitter.com/gilbutzigy

| 추천사 |

요즘 스타트업 업계에서 가장 뜨거운 키워드 두 개만 꼽는다면 아마도 린 스타트업Lean Startup과 그로스 해킹Growth Hacking일 것이다. 린 스타트업은 비교적 번역서도 많이 나와 있고, 여러 창업스쿨에서도 소개해서 이미 익숙한 개념이 되었지만, 그로스 해킹은 그 중요성에 비해서 아직 소개가 많이 되지 않은 편이다. 이 책은 그런 부분을 정확히 알고 가려운 부분을 팍팍 긁어주고 있다. 그로스 해킹 입문서로 불려도 손색이 없을 정도로 다양한 사례를 포함하고 개념도 잘 정리되어 있을 뿐만 아니라, 거기에 어느 번역자도 시도하지 못했을 법한 다양한 국내 사례 인터뷰는 이 책의 현장감을 더욱 증폭시켜 준다. 여기에서 또한 국내 시장을 애정 어린 눈길로 바라보는 번역자의 따뜻한 마음까지 느껴지기도 한다. 한 번 잡으면 끝까지 내달릴 수 있는 정도의 몰입과 생동감이 살아 있는 이 책을 통해 그로스 해킹을 좀 더 알아가고, 더 많은 대한민국 스타트업들이 성공의 문턱에 가까이 갈 수 있기를 기원한다.

— **이희우** :: IDG Ventures Korea 대표,《꿀리지말고 창업》저자

"어떤 일을 하세요?"

"여러 가지 일을 하고 있는데요, 그 중 그로스 해킹 컨설팅을 의미 있게 진행하고 있습니다."

"그로스 해킹이요? 그게 대체 뭔가요?"

여러 일을 하다 보니 새로운 사람들을 많이 만나는데, 첫 인사를 나눌 때 주로 저런 대화가 오고 가곤 한다. 확실히 이 단어는 아직 우리나라에서는 많이 생소하다. 2014년 11월 호주 출장을 갔을 때도 현지의 여러 스타트업 관계자들과 만나서 이야기를 나누었는데, 그로스 해킹에 대해 정확하게 아는 사람들이 많지 않았다. 사실 우리나라만이 아니라 세계적으로도 이 용어는 대다수의 사람들에게 생소할 가능성이 높다.

그로스 해킹은 미국 서부의 이른바 실리콘밸리 Silicon Valley 또는 베이 에리어 Bay Area라고 부르는 기술 기반 스타트업의 중심 지역에서, 2000년대 중후반부터 슬슬 회자되면서 많이 사용되고 있는 용어이다. 2004~2009년은 페이스북 Facebook, 트위터 Twitter, 드롭박스 Dropbox, 에어비앤비 Airbnb와 같은 오늘날 세계를 무대로 각 분야에서 최고 수준의 시장 점유율을 차지하는 첨단 스타트업들이 태어나서 급성장을 이룬 시기이다. 그리고 이 고속 성장의 배경 중 하나가 바로 기존의 마케팅에 기술을 접목시킨 그로스 해킹이었다.

역사 자체가 짧기 때문에 그로스 해킹에 대한 명확한 사전적 정의 혹은 절대 다수가 공감하는 구체적인 정의는 아직 확립되지 않은 상태이다. 하지만 기존의 마케팅에 기술적인 요소를 결합하고, 철저한 데이터 분석 및 과학적인 실험을 통한 성과 측정과 향상에 집중하는 것은 그로스 해킹의 필요 조건으로서 거의 확실해져 가고 있다. 그런데 문제는 이것이 대체 구체적으로 무슨 뜻이냐는 것이다. CRM(고객관계관리)이나 이메일 마케팅을 새롭게 포장하는 이름인 것인가?

'Hack'이라는 단어는 흔히 '해킹'이라고 하는 '컴퓨터에 불법 침입하는 행위' 혹은 '수단과 방법을 가리지 않고 어떻게든 해낸다'는 의미 외에 '터전을 갈고 닦아 씨를 뿌릴 준비를 한다'는 뜻을 지니고 있다. 현대의 기술 기반 첨단 스타트업들이 어떻게든 짧은 시간 안에 성과를 내게 하는 마케팅과 기술의 결합 방법 또는 마케터와 엔지니어의 협력 체계로만 그로스 해킹을 이해하면 그 정수를 놓치게 된다. 그로스 해킹의 핵심은 실질적으로 성장할 수 있는 성장 기반, 성장 엔진을 갖추어서 효율적이면서도 지속 가능한 성장을 만들어낼 수 있는 방법론이자 철학이며, 행동으로 실천하는 것이다. 그리고 이 엔진은 이메일 마케팅이나 소셜미디어 상의 구전 효과에서 만들어지는 것이 아니라 제품 자체의 핵심 가치에 의해 좌우된다.

이 책의 전반부는 원서를 번역한 것으로서, 그로스 해킹의 정수를 놓치지 않으면서도 쉽게 이해할 수 있는 방법론을 제시하고 다양한 해외 사례들을 소개한다. 미국과 한국 사이의 사회 문화적 차이 및 스타트업이라는 특정한 생태계에 집중되어 있어서 대중들에게 잘 이해가 되지 않을 수 있는 부분은 최대한 역주로 상세하게 풀어서 설명하고자 노력하였다. 후반부는 국내 혹은 해외에서 실제로 우수한 성적을 거둔 국내 스타트업 대표 및 창업자들을 직접 인터뷰한 내용으로 독자들이 보다 구체적인 노하우와 통찰을 얻을 수 있도록 구성하였다.

2003년부터 NHN과 Gmarket에서 그로스 해킹과 같은 철학으로 신규 서비스와 사업을 만들고 성장시켰던 경험과 2012년부터 한국과 미국을 오가며 스타트업을 만드는 과정에서 배웠던 경험에 비추어 보면, 그로스 해킹은 단순한 기법 정도가 아니라 린 스타트업과 같은 수준의 철학이다. 말로만 하는 성장이 아닌 실제적인 성장을 목표로 하는, 그리고 그 성장을 지속적으로 유지하고 싶은 스타트업 창업자, 개발자, 마케터는 물론이고 같은 목표를 갖고 있는 중소기업과 대기업, 기타 조직의 사람들, 그리고 궁극적으로는 개인의 삶에 대한 그로스 해킹을 추구하는 모든 사람들에게 이 책이 도움이 되기를 기원한다.

고영혁

나는 무질서한 무지보다
체계가 잡힌 지식을 선호한다.
돼지가 송로버섯을 추구하듯이 우리는 지식을 추구한다

:: 데이비드 오길비 ::

|목차|

그로스 해킹을 소개합니다

지금으로부터 거의 2년 전 여느 때와 다름 없는 날이었다. '오늘도 평범한 하루가 되겠구나'하며 차를 몰고 집을 나섰다. 아침 신문에서 뉴스를 읽고, 직원들과 전화 통화로 몇몇 중요한 사안을 처리한 후, 오후에 진행할 점심과 차 미팅을 잡았다. 그런 다음 도시의 임원들이 좋아하는 역사가 있는 멋진 개인 체육관에 가서 수영과 달리기를 한 뒤 사우나실에 앉아 사색을 즐겼다.

　오전 10시쯤 사무실로 가서 비서와 인사하고, 큰 책상에 앉아 서명이 필요한 모든 서류와 승인해야 할 광고 디자인, 처리할 송장, 스폰서의 이벤트, 검토해야 할 제안 등을 살펴보았다. 신제품이 출시 중이었기 때문에 보도 기사를 써야 할

일도 있었다. 막 배달된 잡지 한 뭉치를 직원에게 주면서 보도자료 서가에 목록을 만들어 정돈하라고 맡겼다.

나는 아메리칸 어패럴 American Apparel [01]의 마케팅 임원으로 사무실에서 6명의 직원들과 일한다. 사무실 복도 건너편에는 세계에서 가장 효율적으로 일하는 재봉사들이 조작하는 수천 대의 봉제 기계가 분주하게 움직이고 있으며, 거기서 조금 떨어진 사진 스튜디오에서는 현재 진행하고 있는 광고가 제작 중이다.

지난 75년간의 내 삶은 컴퓨터나 스마트폰 같은 몇 가지 기술의 도움을 제외하면 세상 모든 마케팅 임원들의 일상 생활과 똑같이 시작하고 돌아간다. 광고 구매나 이벤트 기획, 기자 회견을 하면서 '창의적인 것'을 디자인한다. 또한 프로모션을 승인하고 브랜드, CPM [02], 인지도, 무료 매체 보도, 최초 인지 브랜드 top of mind, 부가가치, 광고량 분배 share of voice와 같은 용어들을 여기저기 뿌리고 다닌다. 이것이 바로 마케팅 임원의 일이다. 이 일은 지금까지 항상 그래 왔다.

내가 돈 드레이퍼 Don Draper [03]나 에드워드 버네이 Edward Bernays [04]와 같은 류의 사람이라고 말하려는 것은 아니지만 내가 이들과 자리를 바꾼다고 해도 변경하고 조정해야 할 것은 별로 없다. 이 업계의 다른 모든 사람들과 마찬가지로 나 역시 이런 점이 정말 끝내주게 멋지다고 생각한다.

언뜻 보기에는 평범했던 하루가 하나의 글로 인해 완전히 혼란에 빠져 버렸다. 그 글의 제목은 마치 작정이나 하고 나를 겨냥한 듯이 온라인상의 수많은 잡음 속에서 선명하게 떠올랐다.

"그로스 해커가 새로운 마케팅 임원이다."

뭐라고?

내가 바로 마케팅 임원이고 이 일을 매우 사랑하며 잘 하기도 한다. 25세에 스스로 기법을 터득하고 만들어 내서, 20개 국가의 250개 매장에서 6억 달러의 매출을 내는 무역 회사의 활동을 이끄는 데 기여하고 있다.

하지만 앤드류 챈 Andrew Chen이라는 영향력 있는 기술자이자 사업가는 이런 것들은 신경도 쓰지 않았다. 그의 말에 따르면 나나 내 동료들은 곧 일자리를 잃을 판이었고, 그 자리를 대체하기 위해 대기하고 있는 사람들이 있었다.

'그로스 해커'라는 직업은 실리콘밸리의 문화에 자체적으로 녹아들고 있으며, 이제 코딩(coding) 05과 기술적인 부분들이 위대한 마케터가 되는 데에 중요한 요소가 되고 있다. 그로스 해커는 마케터와 코더가 결합된 형태로, "우리 제품의 고객을 어떻게 확보할 수 있는가"라는 전통적인 질문에 대해 A/B 테스트, 도달 페이지(landing page), 구전 요소, 이메일

도달률, 오픈 그래프(Open Graph)[06] 등을 사용해서 답을 제시하는 사람이다.

모든 마케팅 팀은 혼란에 빠져 있다. 마케팅 임원이 기술에 문외한인 수많은 마케터에게 보고를 받는 사람이라면, 그로스 해커는 기술자들을 이끄는 기술자이다.[07]

도대체 그로스 해커가 무엇이란 말인가? 아니 어떻게 기술자가 내 일을 대신한단 말이지?

일단 챈이 사례로 언급한 몇몇 회사들의 기업 가치를 평가해 보았다. 다음 회사들은 불과 몇 년 전에는 거의 존재하지도 않았던 회사들이다.

- 드롭박스 Dropbox [08]
- 징가 Zynga [09]
- 그루폰 Groupon [10]
- 인스타그램 Instagram [11]
- 핀터레스트 Pinterest [12]

현재 가치는 어느 정도일까? 수십억 달러에 달한다.

그래피클리 Graphicly의 창업자이며 테크스타스 Techstars [13]와 500스타트업스 500 Startups [14]의 멘토인 미카 볼드윈 Micah Baldwin은

15

"스타트업은 예산이 별로 없기 때문에 자신의 회사 시스템을 해킹 hacking하는 방법을 배워갔다"고 이야기했다.[15] 지금 이 순간에도 벌어지는 그들의 해킹은 그동안 마케팅에 대한 특정한 사고방식이나 오래된 가정을 배제하고 밑바닥부터 완전히 새로 고민하게 만들고 있다. 그들의 지름길과 혁신, 그리고 은밀한 접근법은 우리가 기존에 배운 것들을 무시하고 유유히 활개치고 있다.

우리는 모두 적은 노력으로 더 많은 일을 하고 싶어 한다. 마케터와 사업가의 직무를 설명하자면 사실상 모순이 있다. 이 책에서는 그로스 해커들이 어떻게 하여 드롭박스, 메일박스 Mailbox[16], 트위터, 핀터레스트, 페이스북, 스냅챗 Snapchat[17], 에버노트 Evernote[18], 인스타그램, 민트닷컴 Mint.com[19], 앱수모 AppSUmo[20], 스텀블어폰 StumbleUpon[21] 같은 회사들에서 맨 손으로 큰 업적을 이루었는지 설명한다.

이 회사들 중 어느 하나도 나와 같은 전통적인 마케터가 그동안 특별하다고 생각했던 방법으로 성장하지 않았다는 것이 나를 가장 큰 충격에 빠뜨렸다. 심지어 대부분은 오랫동안 필수적이라고 믿었던 자원 없이도 크게 성장했다. 그들의 성공에 '마케터(여기서 말하는 마케터는 대행사 agency가 아니다)'가 기여했다고 말할 수는 없다. 마케터라고는 한 명도 없었기 때문이다. 그로스 해킹은 '마케팅'을 무의미한 것으로 만들어 버렸거나 아니면 최소한 마케팅의 우수 사례를 완전히 다시 쓰는 셈이다.

여러분은 현재 마케팅 임원이든지 대학을 갓 졸업한 학생이든지 최초의 그로스 해커들이 개척한 분야와 마주하고 있다. 그들의 전략 중 일부는 놀라울 정도로 기술적이고 복합적이다. 물론 전략은 항상 변한다. 사실 하나의 전략은 어느 한 경우에서만 잘 작동하는 경우가 종종 있다. 이 책이 얇은 이유는 시간을 초월해서 중요한 원리에만 충실했기 때문이다. '코호트 분석 cohort analysis'이나 '바이럴 상관계수 viral coefficients'와 같은 어려운 개념들로 독자들을 짓누르고 싶지 않다(하지만 뒷 부분에 중요한 용어와 개념들을 설명해 놓았다). 대신 가장 중요한 부분인 사고방식에 집중할 것이다.

이 책의 전체적인 부분에 걸쳐 내가 경험한 것들을 계속 언급할 것이다. 내가 특별한 사람이라서가 아니라 이런 경험이야 말로 이 산업이 돌아가는 구조를 잘 표현한다고 생각하기 때문이다. 제품 개발과 마케팅을 별개의 것으로 구분하여 독자적인 절차로 진행하던 과거의 방식은 이제 바뀌었다. 우리는 모두 적은 자원으로 많은 성과를 내길 원하며 과거의 전략들은 더 이상 만족할 수 있는 결과를 만들지 못한다는 것을 알고 있다.

그래서 이 책에서는 보다 유동적이고 반복적인 절차로 된 새로운 순환 방식으로 독자들을 안내하고자 한다. 그로스 해커는 마케팅을 마케터가 해야 하는 일이 아니고 제품 자체에 구축되어야 하는 것으로 본다. 시제품이 나와서 공유되고 최적화되는 과정이 수차례에 걸쳐 반복되면서, 거대하면서도 급격한 성장의 길로 들어선다. 이 책은 이러한 구조를 그대로 따를 것이다.

하지만 그에 앞서 우선 오래된 것과 새로운 것 사이에 명확한 경계선을 그어 보자.

그로스 해킹이란 무엇인가?

모든 그로스 해커의 궁극적인 목표는 자동으로 수백만의 사람들에게 전파하며, 스스로 영구히 지속하는 마케팅 기계(self-perpetuating marketing machine)를 만드는 것이다.

– 아론 긴(Aaron Ginn)

영화 산업은 매우 독특하다. 요컨대 실제로 모든 마케팅 팀은 그들이 어떤 산업에 속해 있더라도 무언가 새로운 것을 출시했을 때 영화 산업에 속한 것처럼 일을 한다. 깊게 들어가 보자. 마케팅 담당자나 제품 출시 담당자들은 자신이 블록버스터 영화를 개봉하는 것과 마찬가지라고 상상한다. 이 생각은 우리가 하는 마케팅 의사결정의 형태를 결정하고 왜곡하기도 한다.

괜찮은 느낌일 수는 있지만, 매우 잘못된 것이다.

처음 머리에 떠오르는 생각은 웅장하고 거대한 출시 관련 행사, 보도 기사 배포 및 주요 언론 매체 보도이다. 이어 자연스럽게 광고 예산이 필요하다고 생각한다. 레드 카펫도 깔고 싶고, 유명인사들도 초청하고 싶어진다. 가장 위험한 것은 짧은 시간 안에 최대한 많은 고객을 끌어 모을 필요가 있다고 가정한다는 점이다. 그리고 그 결과가 좋지 않을 때는 이 모든 시도들이 전부 실패했다고 여긴다. 물론 우리가 이 시도들을 모두 실행할 수는 없는 노릇인데도 말이다. 우리가 블레어 윗치The Blair Witch Project가 아닌 트랜스포머Transformers가 되어야 한다고 스스로를 기만하는 것이다.[22]

이것은 두말할 필요도 없이 어리석은 행동이지만 독자들이나 나나 의심할 여지 없이 이렇게 배워왔고 수년간 이대로 행동하고 있다.

무엇이 잘못된 것일까? 음, 일단 짚고 넘어갈 것이 있다. 대부분의 영화들은 실패한다.

영화 마케팅의 매력과 역사는 잠시 접어 두자. 심지어 수백만 달러를 투자(때로는 영화 제작 자체의 예산보다 훨씬 많다)하는 스튜디오에서 출시하는 대표작들도 완전히 실패하여 회수 불능으로 처리하는 경우도 종종 있다.

만일 영화가 성공을 하면 왜 성공했는지, 어떤 요소 때문에 성공했는지 아무도 생각해 보지 않는다. 극작가인 윌리엄 골드만William Goldman은 유명한 말을 남겼다. "아무도 모른다." 심지어 책임을 맡고 있는 사람도 모른다. 그저 엄청난 대형 도박일 뿐이다.

그들의 시스템은 이런 손실을 흡수할 수 있도록 설계되어 있으므로 괜찮을 수 있다. 한 번의 성공으로 여러 차례 반복된 실수들을 만회할 수 있다. 하지만 그들과 세상의 다른 모든 사람들 사이에는 큰 차이가 있다. 당신은 본인이 창업한 스타트업의 실패를 현실적으로 감당할 수 없다. 심지어 당신의 친구들은 새로운 사업에 모든 것들을 쏟아 붓지 않았는가? 나 역시 내 책이 실패작이 되도록 그냥 둘 수 없다. 우리에게는 이후에 뒷받침해 줄 10개의 다른 프로젝트들이 없다. 이것이 현실이다.

똑똑한 사람이라면 다음과 같은 결론에 도달하는 것은 시간 문제이다. "이런 식으로 할 것이 아니었어. 인터넷과 소셜 미디어의 도구들을 이용하여 반복적으로 추적하고, 검증하면서 이 쓸모없고 미친 듯이 비생산적인 거대한 도박에서 벗어난 마케팅으로 진화할 수 있는데 말이야." 이 사람이 바로 최초의 그로스 해커이다.

새로운 방식

만약 기존의 체계가 지난 백 년간 20세기 기업들의 필요를 충족시키기 위해 설계된 마케팅 선례의 부산물이라면, 21세기로 전환되면서 새로운 사고방식이 시작되었다. 이것은 새로운 형태의 기업과 그에 맞는 마케터들의 새로운 필요를 충족시키는 형태로 생성되고 진화했다.

1996년은 최초의 무료 웹 메일 서비스이자 '입소문을 활용한 go viral' 제품으로서 대표적인 초기 사례가 된 핫메일 Hotmail이 세상에 나오기 직전이다. 아담 페넨버그 Adam Penenberg [23]는 《바이럴 루프 Viral Loop》[24]에서 그날의 미팅을 이렇게 묘사했다. "핫메일의 창립자인 새비어 바티아 Sabeer Bhatia와 잭 스미스 Jack Smith가 유명한 벤처 투자가인 팀 드레이퍼 Tim Draper와 미팅하기 위해 서로 마주 앉았다. 팀 드레이퍼는 웹 기반 이메일이 대단히 멋진 제품이지만 이것을 어떻게 입소문이 나도록 하여 퍼지게 할 것인지 궁금하다고 얘기했다".

바티아가 우선 떠올린 생각은 앞에서 이야기한 "광고판에 광고를 할 것이다"와 같은 산업적인 마케팅 접근법이었다. 그러자 드레이퍼는 무료로 제공해야 할지도 모르는 제품에 그런 비싼 접근법은 사용할 수 없다고 했고, 그들은 다른 많은 아이디어에 대해 고민했다. 라디오 광고? 마찬가지 문제였다. "인터넷의 모든 사람에게 이메일을 보내 보는 것은 어떨까?"

드레이퍼가 제안했지만 이 역시 구닥다리 생각이었다. 스팸은 제 기능을 내지 못한다.

그때 갑자기 드레이퍼가 그로스 해킹이라 할 만한 아이디어를 떠올렸다. "혹시……" 그는 이어서 물었다 "모든 사람이 보는 화면 맨 밑에 메시지를 넣을 수 있나요?"

"오, 이봐요, 우린 그런 건 하기 싫어요!"

"하지만 기술적으로는 할 수 있죠? …… 계속 지속될 수도 있는 거구요, 맞죠? 하나의 메시지에 특정 메시지를 넣을 수 있고, 만약 그 사람이 다른 누군가에게 이메일을 보낸다면 거기에도 그 메시지를 넣을 수 있는 거죠? 그렇죠?"

"네, 네." 핫메일의 창립자들이 대답했다.

"그렇다면 보내는 이메일의 맨 밑에 '추신: 당신을 사랑합니다. 핫메일에서 무료 이메일 계정을 받으세요(P.S.: I love you. Get your free e-mail at Hotmail)'라는 메시지가 표시되도록 하세요." [25]

———

이 작은 기능이 모든 것을 뒤바꾸었다. 이 기능은 핫메일 이용자가 보내는 모든 이메일이 이 제품을 광고한다는 것을 의미했다. 그리고 이 광고는 매우 효과적이었다. 광고 자체가 귀

엽고 창의적이어서가 아니라 많은 사람들이 원하고 필요로
했던 놀라운 제품을 소개하는 것이었기 때문이었다. 각각의
이용자는 새로운 이용자를 끌어들였고, 각각의 이메일은 더
많은 이메일과 더 행복한 고객들을 만들었다. 가장 결정적인
것은 많은 이용자들을 이 서비스로 끌어들이도록 이 기능과
관련된 모든 것들이 추적되고 최적화되어 향상될 수 있다는
점이었다.

이 당시에는 이것이 얼마나 혁신적이었는지 이해해야만
한다. 불과 몇 년 뒤를 보자. 페츠닷컴Pets.com [26]이 120만 달러
에 달하는 슈퍼볼 Super Bowl [27] 경기 광고와 메이시스 Macy's [28] 추
수감사절 퍼레이드와 같은 여러 도시의 TV 광고 및 옥외 광
고 캠페인을 시도했다. 코즈모닷컴Kozmo.com [29]은 육백만 달러
의 사나이Six Million Dollar Man [30]를 내세운 광고 캠페인을 하는데
문자 그대로 수억 달러를 날려 버렸다. 그리고 이 두 회사 모
두 닷컴 버블이 터지면서 붕괴되었다.

너무 간단해 보여서 창업자들이 처음 몇 달간은 실행하기
를 주저했던 드레이퍼의 제안을 수용하고 난 후, 회사는 기하
급수적으로 성장했다. 6개월 만에 백만 명의 이용자라는 결과
를 달성한 것이다. 그로부터 5주 뒤에 이용자 수는 다시 두 배
가 되었다. 1997년 12월, 거의 천만 명의 이용자를 확보한 핫
메일은 마이크로소프트 Microsoft가 4억 달러에 인수했나. 3천만

명의 이용자를 확보하는 데에 걸린 시간은 핫메일이 출시된 시점으로부터 불과 30개월이었다. 지금은 비록 이름은 바뀌었지만 이 분야의 다른 수많은 경쟁 제품들과 달리 핫메일은 여전히 존재한다.

이것이 바로 새로운 접근 방법의 위력이다. 제품 출시 후 불과 30만 달러의 투자만으로 4억 달러짜리 브랜드가 형성된 것이다. 이는 할리우드 Hollywood 영화사나 《포천》지 500대 기업들의 근사한 개봉 기념 파티나 TV 광고 한 번에 쓸 정도의 액수이다. 마케팅 경험이 전혀 없는 사람이 고안하고 실행한 결과이다.

핫메일은 기술 버블 시대에서 운 좋게 성공한 경우라고 생각할지도 모르겠지만 몇 년 뒤, 구글이 현재는 시장 1위 무료 이메일 서비스인 지메일 Gmail을 출시했을 때 근본적으로 같은 원리의 그로스 해킹 전략을 사용했다는 것에 주목할 필요가 있다. 일단 구글은 뛰어난 제품을 만들었다. 그러고 나서 초대를 통해서만 사용할 수 있게 하여 이용자들의 흥미와 즐거움을 이끌어 냈다. 그리고 차츰차츰 기존 이용자가 초대할 수 있는 사람의 수를 늘림으로써 지메일은 점점 퍼지게 되었고, 결국 가장 유명하면서도 여러 의미에서 가장 뛰어난 무료 이메일 서비스로 자리 잡았다.

위대하고 거대한 서비스는 작지만 놀랍도록 폭발적인 아

이디어에서 시작된다. 이것이 바로 우리가 이 책에서 공부하려는 것이다.

그로스 해커의 급부상

핫메일 이후에 특히 기술 분야의 많은 회사들은 마케팅의 한계를 돌파하기 위해 노력하기 시작했다. 이들은 데이터 기반 정신과 난상토론을 하면서 기존의 관습들을 타파해 갔다. 인터넷을 통해 가능하게 된 이메일, 데이터, 소셜미디어Social Media, 부트스트래핑Bootstrapping과 같은 여러 새로운 기법들을 활용하는 신규 마케팅 모델을 만들었다.

이러한 부류는 실리콘밸리에서 순식간에 떠오르는 스타가 되었다. 이제 이들을 테크크런치TechCrunch, 패스트 컴퍼니Fast Company, 매셔블Mashable, Inc., 앙뜨레쁘레너Entrepreneur와 같은 이 분야의 유명 매체들은 물론이고 수없이 많은 다른 글에서 볼 수 있게 되었다. 링크드인LinkedIn[31]과 해커 뉴스Hacker News[32]에는 "그로스 해커를 구합니다(Growth Hacker Needed)"라는 구인 글이 넘치고 있다.

그로스 해커의 일은 그동안 알고 있던 마케팅을 하는 것이 아니라, 회사를 정말로 빠르게 성장시키는 것이다. 무에서 유를 만들고 아주 작은 가능성에서 거대한 무언가를 만드는 일이다. 그리고 더 이상 기존의 마케팅 업무들과 비슷한 업무로 보면 안 된다고 이야기한다.

'그로스 해커'라는 용어는 사람마다 서로 다른 의미로 사용하고 있다. 하지만 나는 스스로 이해한 방식대로 정의할 것이다.

그로스 해커는 전통적인 마케팅 교본을 버리고 그것을 검증 가능하고, 추적 가능하며, 확장 가능한 방법만으로 대체하는 사람이다. 그들은 광고, 홍보, 돈 대신 이메일, 클릭 당 지불 광고(pay-per-click ads), 블로그, 플랫폼(platform) API[33]를 도구로 사용한다. 마케터들이 '브랜딩(branding)', '마인드 공유(mind share)'와 같은 모호한 개념들을 추구하는 반면, 그로스 해커들은 이용자와 함께 끊임없이 성장을 추구하며, 그들이 제대로 했을 때 이용자는 더 많은 이용자로, 그렇게 해서 들어온 이용자는 더더욱 많은 이용자로 이어진다. 그들은 스스로 생존하고 스스로 성장 가능한 그들만의 그로스 머신(growth machine)을 발명하고 운영하며 정비하는 사람이다. 그리고 이 그로스 머신은 스타트업을 아무것도 아닌 것에서 위대한 것으로 변화시킬 수 있다.

걱정하지 마라. 이 책에서 정의를 구구절절하게 늘어놓을 생각은 없다. 우리에게 중요한 것은 자신의 사업을 성장시

키고, 웹 사이트를 출시하며, 이벤트 티켓을 팔고, 킥스타터
Kickstarter [34] 프로젝트에서 투자를 받기 위해 노력하는 것이다.
그리고 오늘날 우리가 이런 일을 하는 방식은 과거의 방식과
완전히 다르다.

우리가 이 책에서 살펴볼 그로스 해커는 수백만 달러의
예산을 들여 제품을 출시하는 것이 아니라, 쓸 수 있는 예산
이나 자원이 거의 없거나 아예 없는 스타트업에서부터 시작
한다. 혁신을 해야 하고 새로운 것을 시도하는 데에 동기 부
여를 해야 하는 상황에 있었기 때문에 그로스 해커는 이런 돈
없는 스타트업을 수십억 달러 가치의 회사로 만들어냈다. 으
리으리한 할리우드 개봉작 상영관과는 동떨어진 환경에서 일
하기 때문인 것도 있지만, 할리우드식 전술이나 행동 자체를
신경 쓰지 않기 때문에 그렇게 해 왔던 것이다. 이용자의 관
심을 끌기 위해 광고를 뿌리거나 신문 일면을 도배하는 식으
로 불특정 다수의 대중들을 마구잡이로 공격하는 대신, 외과
용 메스와 같이 정밀하면서도 목표가 명확한 도구를 구체적
으로 지정한 이용자에게 들이대는 것이 바로 그로스 해커다.

새로운 사고방식

가슴 속 깊은 곳에서 솔직히 이야기하자면 전통적인 마케터
들은 항상 그들 자신을 예술가로 여겼다. 나쁠 것은 없다. 나

자신에게 갈망하던 모습이기도 하다. 이런 정서는 화려하고 감동적인 작품을 만들기도 한다. 하지만 이것은 또한 무시무시한 무지와 낭비를 낳기도 한다. 하버드 비즈니스 리뷰 Harvard Business Review의 한 연구에 의하면 마케터의 80%가 마케팅의 투자 대비 수익 효율 ROI; Return On Investment을 측정하는 능력에 대해 만족하지 못하고 있다고 한다. 도구가 충분히 좋지 않아서가 아니라 오히려 너무 좋기 때문에 그런 것이다. 게다가 마케터들은 이런 도구를 처음 사용하는 순간부터 "그 전략은 결점이 있고 비효율적인 지출이다"라는 지적을 받는다. [35]

페이스북, 개인 금융 서비스인 민트닷컴(약 1억 7천만 달러에 Intuit [36]에 팔린 서비스), 데일리 딜 [37] 앱수모에서 그로스 해커로 일한 노아 케이건 Noah Kagan은 이에 대해 명쾌하게 정리한다. "마케팅은 언제나 똑같은 것에 대해 신경 썼다. 당신의 고객이 누구이며 어디에 있느냐이다." [38]

그로스 해커가 하는 일은 '누구'와 '어디'보다는 과학적으로 더 다양하고 측정 가능한 방법에 집중하는 것이다. 마케팅이 브랜드 기반이었다면 그로스 해킹은 지표와 ROI 기반으로 돌아간다. 순식간에 고객을 찾고 제품에 대한 관심을 얻는 일은 더 이상 막연한 추측에 기반한 일이 아니다. 하지만 이것은 단순히 더 나은 지표를 사용하는 마케팅이나 다이렉트 마케팅 direct marketing의 새로운 이름이 아니다.

그로스 해커는 그들의 기원을 프로그래머에서 찾는다. 그리고 이것이 그들이 스스로를 바라보는 자세이다. 그들은 데이터 과학자 data scientist로서 디자이너나 마케터를 만나고 여기서 얻은 정보들을 처리하여 다르게 활용한다. 오랫동안 무모한 본능과 예술적 선호에 의해 지배되었던 세상에서 명쾌함을 갈구하지만 그들 역시 전략, 큰 그림 구상하기, 플랫폼을 이용한 동반성장, 진가를 발휘하지 못하는 자산, 새로운 아이디어에 강력한 통찰력을 추가한다.

이러한 것들이 그로스 해킹이 미래에 더 잘 맞는 새로운 접근 방법이라는 것을 설명한다. 거대 산업의 붕괴 또는 파편화, 스타트업, 앱, 웹 사이트의 급격한 등장에 따라 마케팅은 더 작아져야 한다. 마케팅에 대한 우선순위가 바뀔 필요가 있는 것이다. 이것을 시도하려면 마케터에게 필요한 진짜 능력은 거대하고 따분한 회사를 1년에 1% 성장시키는 일을 돕는 것이 아니라, 거의 없다시피 한 자원을 활용하여 맨 땅에서 완전히 새로운 브랜드를 창조하는 것이다. 투자를 받고자 하는 킥스타터 프로젝트든 새로운 앱이든 고려해야 할 것은 똑같다. 어떻게 해야 확장 가능하고 효율적인 방법을 통해 관심을 얻고 유지하며 확대시키는가 하는 것이다.

감사하게도 그로스 해킹은 베일에 싸여 있는 독점적인 기술 프로세스가 아니다. 실례로 이것은 공공연한 대화를 통해서 성장하고 발전해 왔다. 지켜야 할 거래 기밀이 있는 것도 아니다. 롬니 Mitt Romney의 대통령 선거 운동 캠프에서 기술적인 부분을 빠르게 맞춰가는 일을 했고, 스텀블어폰의 성장 담당 이사 director of growth인 아론 긴은 다음과 같이 멋지게 정리했다.

"그로스 해킹은 도구라기보다는 사고방식이다."

좋은 소식은 그로스 해킹이 당신의 사고방식을 바꾸는 것과 같이 심플하다는 것이다(만약 마케팅을 이제 막 시작한 사람이라면 버려야 할 기존 관념이 훨씬 줄어든다). 그로스 해킹은 1-2-3 이렇게 순차적으로 진행되는 것이 아니라 유동적인 절차 fluid process [39]로 진행된다. 그로스 해킹의 핵심은 마케팅이 회사의 목적이나 제품 개발 생명주기를 위해 시작되는 독자적인 행동이라는 사고방식에서 벗어나는 데에 있다. 그로스 해킹의 핵심은 그런 것이 아니라, 당신의 사업을 생각하고 바라보는 방식이다.

일의 종류에 따라 도구는 다양할 수 있다. 핵심적인 이점은 사고방식이며, 이 책을 다 읽으면 그로스 해커가 어떤 식으로 생각하는지 완전히 파악할 수 있을 것이라고 장담한다. 이 책의 장은 한 명의 이용자에서부터 수백만 혹은 수억 명의 이용자를 확보하는 전체 과정을 안내하는 형태로 구성되어 있다. 지난 2년간 세계 최고의 그로스 해커들을 인터뷰하면서 연구하고 터득한 모든 것을 압축하여 담았다.

나는 그로스 해커의 방식이 미래인 이유를 알리고 싶다. 그로스 해킹이 다음 세대의 회사에 어떻게 스며들며 마케팅과 PR, 광고를 처음부터 끝까지 어떻게 뒤바꾸는지, 심지어 작가들이 자신의 책을 출판할 때 이 원리를 어떻게 활용하는지 보여주고 싶다.

이러한 흐름은 생각보다 꽤 먼저 시작되었다. 새로운 마케팅 전략은 출시 몇 주 전이 아니라 개발과 디자인 단계에서부터 시작한다. 그래서 우리도 그 지점에서부터 출발한다. 이것은 지금까지 한 것 중 가장 중요한 마케팅 의사결정일지도 모른다.

STEP

1

GROWTH HACKING

그로스 해킹은 제품 시장 궁합에서부터 시작한다

사람들이 원하는 것을 만들어라.

폴 그레이엄(PAUL GRAHAM) 40

최악의 마케팅 의사결정이 무엇인지 아는가? 아무도 원하지 않거나 필요로 하지 않는 제품을 갖고 시작하는 것이다.

하지만 마케터들은 수년간 이런 의사결정을 업무의 일부로 묵인해 왔다. 우리 모두 스스로에게 "원하는 제품이 아니라 갖고 있는 제품을 들고 시장에 나가는 것이다"라고 말했다. 그러고 나서 왜 전략이 실패했는지, 왜 실패하는 데에 그렇게 돈이 많이 들었는지 궁금해했다.

처음에 그로스 해킹이 매력적으로 다가왔던 가장 큰 이유는 명백하게 잘못된 접근 방법을 철저하게 배제했기 때문이다. 그로스 해커는 맨 처음 마주하는 사람에게서 폭발적인 반응을 이끌어내지 못한다면 제품, 넓게는 전체 사업이나 비즈니스 모델조차도 바뀔 수 있고 바뀌어야만 한다고 믿는다. 다시 말해 최고의 마케팅 의사결정은 실존하는 잘 정의된 이용자 집단이 갖고 있는 현실적이고 강력한 욕구를 충족시키는 제품이나 비즈니스를 갖는 것이다. 아무리 많은 조정이나 개선이 뒤따르더라도 말이다.

이제 백억 달러의 가치가 있는 스타트업인 에어비앤비 Airbnb의 사례를 보자. 에어비앤비의 공동창업자인 브라이언 체스키 Brian Chesky가 웹 사이트에 적어 놓은 것처럼, 오늘날 우리는 에어비앤비를 "어떤 공간이건 예약할 수 있습니다. 텐트부터 성까지 무엇이든 예약할 수 있습니다"[41]라고 알고 있다. 하지만 이 사업을 시작한 2007년에는 창업자들이 살던 로프트 아파트 loft apartment [42]의 거실을 아침 식사를 제공하는 작은 규모의 숙박 시설로 바꾸는 것에서 출발했다. 창업자들은 이 서비스의 이름을 Airbedandbreakfast.com으로 지은 다음, 마루 위에 에어매트리스를 놓고 숙박하는 손님들에게 직접 만든 아침 식사를 무료로 제공하면서 사업을 시작했다. 하지만 그들은 더 많은 것을 원했다.

창업자들은 원점에서부터 다시 시작했다. 유명한 기술과 디자인 콘퍼런스를 통해 매출을 내는 방향으로 서비스를 완전히 새롭게 정리했다. 호텔이 다 차서 방을 구할 수 없을 때 콘퍼런스 참석자를 위한 네트워킹 대안 서비스였다. 이것은 명백히 더 나은 시장이었지만 이 아이디어를 더 향상시킬 수 있다는 것을 알았다. 그래서 약간 피벗 pivot(의역을 하자면 '전환' 정도인데 국내에서도 거의 다 피벗이라고 사용하고 있기 때문에 원어 발음 그대로 표기한다. 굉장히 중요한 개념이지만 정확하게 이해하고 쓰는 경우가 적기 때문에 주의가 필요하다. 130쪽 용어 정리 참조 - 옮긴이)하여 호텔은 싫지만 그렇다고 호스텔에서 묵거나 비좁은 방에서 고생하는 것은 피하고 싶은 여행객 유형을 사업 타깃으로 잡았다. 이것은 매우 잘 먹혔다. 마침내 이용자의 피드백과 이용 패턴에 기반하여 그들은 이름을 Airbnb로 짧게 줄였고, 아침 식사 제공과 네트워킹 파트를 사업에서 없앴다. 그리고 상상 가능한 모든 종류의 숙박 시설(방에서부터 아파트, 기차, 보트, 성, 펜트하우스, 심지어 개인 섬까지)을 빌리거나 예약하려는 사람들을 위한 서비스로 재정의했다. 반응은 가히 폭발적이었다. 전 세계의 여러 지역에 걸쳐 1년에 수백만 건의 예약이 발생한 것이다.

에어비앤비는 2007년에 좋은 아이디어로 시작되었지만 당시의 실제 가치 제안 value proposition은 솔직히 말해 그렇게 나쁘지는 않은 평범한 것이었다. 창업자들은 "사람들을 마루에서 뒹굴면서 지내게 하고 아침을 준다"는 관점을 고수하면서 그와 관련된 작은 사업들을 만들기 위해 그들의 모든 시간과 에너지를 허비했을 수도 있었다. 하지만 그들은 제품과 서비스를 계속 개선할 수 있을 것으로 여겼고, 결국 최적의 효율성을 찾을 때까지 변경하고 개선하는 과정을 반복했다. 어느 정도는 좋았지만 꽤나 비실용적인 아이디어에서 출발했는데 폭발적으로 강력하고 실용적인 아이디어로 전환했으며, 그 결과 10억 달러의 가치를 인정받게 되었다. 이러한 전환은 그들이 할 수 있던 마케팅 의사결정 중 최고였던 것이다.

전통적인 마케터의 입장에서 보면 시장의 반응이 그리 좋지 않을 때 언제 원점으로 돌아가야 하는지에 대해서는 제대로 생각해 본 적이 없었다. 그런 생각 자체가 허용되지 않았다. 단지 잘못된 제품과 회사 뒤에서 열심히 일하는 것이 전부였다.

에어비앤비가 결코 유일한 사례가 아니라는 것을 알게 된 것이 나를 일깨웠다. 인스타그램은 버븐 Burbn이라는 이름의 위치기반 소셜네트워크에서 출발했다. 이 서비스에서 사진 기능은 옵션이었다. 이 서비스는 핵심 이용자 그룹을 모았고 50만 달러 이상의 투자를 받았다. 하지만 창업자들은 이용자들이 앱 기능 중 오직 한 부분에만 모여드는 것을 깨달았다. 바로 사진과 필터였다. 그들은 모여서 회의를 했는데 창업자 중 한 명은 이렇게 회고했다. "우리는 앉아서 이야기했디. '이

제 뭘 해야 할까? 이 제품을 수백만 사람들이 쓰고 싶어 하는 제품으로 진화시키려면 어떻게 해야 할까? 이 제품을 특별하고 흥미롭게 만들려면 무엇이 중요할까?'" [43]

서비스는 곧 개편되어 필터로 꾸민 사진을 올리는 모바일 앱인 인스타그램이 되었다. 그 결과는? 새로 출시하고 나서 1주일 만에 10만 명의 이용자가 생겼다. 18개월 뒤 창업자들은 인스타그램을 페이스북에 10억 달러에 팔았다.

인스타그램의 사례에서 배울 수 있는 마케팅 교훈은 단순하다. 그들이 훌륭한 제품을 만들었다는 것이다. 간단해 보이지만 뭔가 비밀스러운 비법이 필요한 것이 아니라는 점과 당신의 제품이 훌륭하기만 하면 비슷한 결과를 기대할 수도 있다는 점에서 반가운 소식이다.

스냅챗을 보자. 이 서비스는 근본적으로 같은 교본을 따라서 모바일 사진 앱 시장에서의 혁신을 만들었고, 젊은이들 사이에서 폭발적인 인기를 끌었다. 그 결과 마케팅을 거의 하지 않고도 35억 달러의 기업 가치라는 신기원을 이룩했다.

에어비앤비나 인스타그램과 같은 회사들은 그로스 해커들이 제품 시장 궁합 PMF; Product Market Fit이라는 것을 달성하기까지 새로운 것들을 반복하여 시도하는 데에 오랜 시간을 들인다. 어떤 사람들은 한 번에 찾기도 하지만 말이다. 궁극적인 목표는 같다. 제품과 제품의 소비자들이 서로 완벽하게 동화될 수 있도록 만드는 것이다. 《린 스타트업》의 저자인 에릭 리스 Eric Ries는 제품 시장 궁합에 도달하는 최고의 방법은 '최소 존속 제품 minimum viable product'으로 시작해서 피드백을 통해 개선하는 것이라고 설명했다. 이것은 우리 대다수가 해오던 것, 즉 우리가 생각하기에 완벽한 최종 제품을 가지고 대중에게 출시하려고 노력했던 것과 정반대의 방법이다.

오늘날 제품 시장 궁합을 확실하게 만드는 것은 마케터만의 일이 아니고 모든 사람의 일이다. 당신이 하는 마케팅 활동은 평범한 제품에 낭비되고 있다. 평범함을 봐주면 안 된다. 이해했는가?

이것을 다른 부서의 일로 여기거나 어느 날 갑자기 원하는 대로 되기를 기다리는 것보다는 마케터 자신이 이 흐름에 기여할 필요가 있다. 누가 당신의 고객인지 추출하고, 그들이 필요로 하는 것을 파악하여 그들을 흥분의 도가니에 빠뜨릴 제품을 디자인하는 행동들은 개발이나 디자인의 선택만이 아니라 마케팅의 의사결정이기도 하다.

무엇을 해야 할지는 명백하다. 수수방관하는 것은 그만두고 바쁘게 움직여라. 제품을 최적화하여 확산되도록 하고 소비자와 매체 그리고 영향력이 있는 사람들이 잘 받아들이도록 하라. 이것이 마케터로서 또는 그로스 해커로서 당신이 자신만의 가치를 인정받을 수 있는 길이다. 요컨대 당신은 프로듀서와 소비자를 연결하는 것을 도와 나란히 서도록 조정하는 번역가인 것이다.

이것은 물리적인 장치를 만들거나 메뉴를 디자인하거나 앱을 만들거나 항상 적용된다. 누군가는 잠재적인 마켓(소비자)을 옹호해야 하고, 이런 영향력이 제품 개발 프로세스에서 빨리 느껴질수록 결과는 더 좋아진다.

아마존 Amazon은 이를 기본적인 절차의 한 부분으로서 실질적으로 녹여냈다. 아마존의 임원인 이안 맥알리스터 Ian McAllister는 이러한 접근법을 '소비자로부터 출발하여 거꾸로 일하기(working backwards from the customer)'라고 부른다. 직원들은 새로운 계획을 세울 때 내부에서는 이 새로운 잠재적인 프로젝트를 마치 막 끝낸 것처럼 공표(프레스 릴리스)하는 것으로 시작한다. 이것은 고객들에게도 전달되어 새롭게 제공하는 기능이 고객들이 갖고 있던 문제를 얼마나 흥미진진하고 설득력 있는 방법으로 해결하는지 설명한다.[44]

만약 공표한 내용이 실현되지 못하면 실현할 수 있을 때까지 초기 계획을 계속해서 수정하고 또 수정한다. 맥알리스터의 말에 따르면, 아마존은 프로덕트 매니저들이 오프라 Oprah Winfrey [45]처럼 생각하도록 장려한다. 즉, 이 제품에 열광적으로 환호해서 그녀의 팬에게 선물로 줄 정도의 물건을 만들어야 한다는 것이다.

이 연습은 팀이 신제품의 역량이 어디에 있어야 하는지, 특별한 장점이 무엇인지에 대해 정확하게 집중할 수 있도록 한다. 장담하는데 그로스 해킹 마인드에 가까운 사람이라면 이 정책을 실행에 옮길 것이다.

더 이상은 그냥 개발하는 것에 만족하지 말라. 적절한 투입과 규칙, 기준, 피드백을 통해 개발에 영향을 줄 수 있다. 그로스 해커는 반복, 심사숙고와 사업의 모든 양상에 대해 분석한 결과를 통해 도울 수 있다. 즉, 제품 시장 궁합은 데이터와 정보로 뒷받침되는 느낌인 것이다.

어떻게 PMF를 얻을 수 있는가?

제품 시장 궁합(이하 PMF)은 굉장한 기술 사업의 개념일 수 있기 때문에 전문 용어를 떼어내고 비유를 제시하고자 한다. 사실 나는 앤드류 챈의 글을 읽기 전부터 PMF에 대해 잘 알고 있었다.

내가 했던 마케팅의 상당수는 작가와 책을 위한 것이었다. 나는 지난 5년간 십여 권의 베스트셀러와 관련된 일을 했고, 물론 그 중에는 성공하지 못한 책들도 많았다. 경험상 실패하는 대부분의 책들은 작가가 1년 정도 어딘가에서 칩거하여 글을 쓴 다음 출판사에 원고를 건네는 경우이다. 이런 책들은 가뭄에 콩 나듯이 히트를 친다.

반면 나의 고객 중 일부는 출판하기 전에 블로그에서 글을 공개한다. 그들은 자연스럽게 끌린 주제뿐만 아니라 고객들로부터 받은 멋진 반응을 토대로 책의 아이디어를 계발한다(한 고객은 구글 검색 결과에 자신의 사이트가 얼마나 많이 노출되는지를 스크린샷으로 보여 줌으로써 출판사에 책을 제안하는 데 성공했다). 그들은 블로그에서 책에 쓸 이야기의 아이디어를 테스트하는가 하면 특정한 집단을 상대로 연설하면서 테스트한다. 독자들이 책에서 어떤 내용을 읽고 싶어 하는지를 직접 묻기도 한다. 글에 얼마나 많은 댓글이 달렸는지, 페이스북 '공유'가 얼마나 많이 되었는지를 토대로 글감이 되는 아이디어를 판단한다. 그들은 잠정적인 제목과 표지 디자인을 온라인에 올려서 피드백을 받고 테스트한다. 그외 영향력 있는 블로거들이 어떤 주제에 몰두하는지 살펴본 후 책에서 그들을 언급하는 방법을 찾는다.[46]

후자는 PMF를 얻을 수 있지만, 전자는 절대로 그럴 수 없다. 하나는 그로스 해킹이고 다른 하나는 그저 추측하는 것일 뿐이다.

하나는 마케팅을 하기 쉽고, 다른 하나는 종종 인과관계를 놓친다. 하나는 다음 단계로 나아가기 위해 한 번 슥 밀어내기만 하면 되지만, 다른 하나는 앞으로 나가는 걸음 걸음마다 강한 맞바람을 이겨내야 한다.

아마존은 이런 부분에서 만약 '가설의 공표를 적어보는 것'이 당신이 처한 상황에 잘 먹히지 않는 경우, 다른 여러 가지 쉬운 방법들을 제안한다. 아마존의 CTO인 워너 보겔스 Werner Vogels는 개발하고 있는 제품에 대한 FAQ를 작성할 것을 제안한다(잠재적인 이용자들의 이슈와 질문을 미리 짚어볼 수 있다).[47] 또는 페이지의 목업 mockup[48]을 만들어서 이용자 경험의 핵심적인 부분을 정의하거나 가상의 시나리오를 적으면서 제품이 어떤 형태가 될 것인지, 누구에게 잘 맞고 그들이 어떻게 사용할지에 대해 보다 현실적으로 살펴보는 것을 시작할 수 있다. 끝으로 사용설명서를 적어볼 필요가 있다. 워너는 보통 사용설명서의 세 가지 요소로 개념, 이용 방법, 참고 사항을 언급한다. 이 세 가지를 정의한다는 말은 당신이 소비자가 지각하는 관점에서 아이디어를 이해하고 있다는 것을 의미한다. 또한 워너는 만약 고객의 유형이 한 가지 이상이면 그에 따라 사용설명서도 여러 개 적어봐야 한다고 덧붙였다.

나는 이런 아이디어들이 정말 좋다. 마치 숙제처럼 여겨질 수도 있지만 이런 것들을 통해 당신 자신의 관점이 아닌 다른 사람의 관점에서 제품을 상상해 볼 수 있기 때문이다. 이것은 PMF를 얻기 위한 최고의 방법인데 당신 자신에 대한 것이 아니라 결국 고객으로 만들고자 하는 다른 사람에 대한 것이기 때문에 그렇다.

어쩌면 당신은 인스타그램과 같이 한 순간에 "아하"하고 PMF에 도달할 수도 있을지도 모른다. 아니면 1%씩 점진적으로 전진하면서 도달할지도 모른다. 넷스케이프 Netscape [49], 옵스웨어 Opsware [50], 닝 Ning [51]을 창립한 기업가이며 유명한 투자 기금을 운영하고 있고 페이스북, 이베이 eBay, 휴렛팩커드 HP의 이사회 멤버이기도 한 마크 앤드레센 Marc Andreessen이 말했듯이, 회사는 "PMF를 얻기 위해 필요하면 어떤 일이라도 해야 한다. 사람들을 변화시키거나, 제품을 새로 만들거나, 다른 시장으로 진출하거나, 당신이 원하지 않을 때 고객에게 'no' 혹은 'yes'라고 말하거나, 주당 가격을 낮추거나, 네 번째 단계 4th round의 투자를 받아오거나 아무튼 무엇이 되었든 필요한 모든 것을 해야 한다"는 자세를 갖춰야 한다. [52]

즉, 이제 모든 것이 검토할 대상이다.

피드백과 친해지기

이 새로운 접근 방법은 마케터가 가장 핵심적인 팀 멤버는 아니라는 것을 겸손하게 받아들이는 것을 포함한다. 사실 맞는 말이다. 때때로 마케터가 할 수 있는 최선의 일은 사람들이 잠시라도 '마케팅'이라는 것에 현혹되지 않도록 하는 것이다. 겉으로 가장 먼저 드러나는 일이 사실은 가장 중요하지 않은 요소인 경우가 종종 있다.

생산성과 정보 조직화를 향상시키는 소프트웨어를 제공하는 에버노트의 사례를 보자. 에버노트는 초창기 몇 년 동안 전사적으로 마케팅에는 돈 한 푼 쓰지 않기로 결정했다. 에버노트의 창립자인 필 리빈 Phil Libin은 창업자들 모임에서 이제는 고전이 된 다음과 같은 이야기를 했다. "최고의 제품을 만드는 것 외에 다른 생각을 하는 사람들은 결코 최고의 제품을 만들지 못한다." 이에 따라 에버노트는 마케팅을 고려 대상에서 제외하고, 그 예산을 모두 제품 개발에 쏟아 부었다. 이 때문에 처음에는 브랜드가 확실히 느리게 형성되었지만 기대했던 성과를 만들었다. 어떻게 된 것일까? 에버노트는 지구상에서 최고로 뛰어난 생산성 향상과 노트 작성 애플리케이션이기 때문이다. 현재 에버노트는 제품 자체가 실질적인 마케팅 수단이다.

당신에게 필요한 것이 바로 이것일 수 있다. 당신은 당장 실행에 옮길 수 있는 팁, 예산과 자원을 사용할 수 있는 적절한 지점을 찾기 위해 이 책을 읽고 있을 가능성이 크다. 하지만 예산을 제쳐 두고 새로운 사고를 하자. 제품을 개선하는 것이 최고의 전략이 될 수 있다는 것을 고려해야 한다.

아무 것도 하지 말라는 이야기가 아니다. 에버노트의 경우 전략적으로 마케팅을 뒤로 미루었지만 사람들을 긁어 모아 제품을 보도록 하기 위해 다양하고 재치 있는 방법들을 계속해서 시도했다. 고객들이 "미팅할 때 노트북을 사용하는 모습을 보고 상사가 자꾸 의심해요"라고 불평을 털어놓자, 에버노트 팀은 다음 문구가 새겨진 스티커를 만들어 배포했다. "버릇없이 구는 게 아니에요. 에버노트로 회의록을 작성하고 있습니다(I'm not being rude. I'm taking notes in Evernote)." 이를 통해 충성도 높은 많은 고객들이 여기저기 미팅을 하러 돌아다니면서 에버노트를 홍보하는 광고판이 되어 버렸다.

손에 쥐어져 있는 것을 계속해서 잘 되도록 하고 향상시키기보다는 그냥 그것들을 갖고 일하는 것이 마케터의 일이지만, 이렇게 제품에 대해 정적으로 생각하는 것을 그만두는 순간 상황은 역전된다. 이제는 기자들이나 이용자 앞에서 감동 없는 제품을 반복적으로 홍보하고 연설해야 하는 무기력감에 빠지지 않아도 된다. 대신 제품을 향상시킬 수 있는 정보와 아이디어를 매우 정교하게 다듬어서 정말 멋진 것으로 만들고, 그 자체로서 강력한 판촉 도구가 되도록 할 수 있는 것이다.

게임의 법칙이 바뀌었다. 이제 성공과 실패는 마케팅을 먼저 하느냐가 아니라 제품 시장 궁합을 먼저 만드는 것에 좌우된다. 일단 PMF를 만들면 그 이후의 마케팅은 기름에 듬뿍 적신 장작더미에 성냥불을 던진 것과 같은 상황을 만든다. 예전에는 어떻게 했냐고? 그냥 성냥을 탁 마찰시켜 성냥불을 만들거나 어딘가에서 불이 번지기를 바랄 뿐이었다.

PMF 없이는 우리가 아는 어떤 마케팅도 시간 낭비라는 것이 핵심이다.

물론 이런 활동을 돕는 많은 도구들이 있다. 구글에서부터 옵티마이즐리 Opimizely [53], 키스메트릭스 KISSmetrics [54]와 같은 도구들은 이용자들이 당신의 서비스에서 실제로 어떻게 행동하고 반응하는지를 볼 수 있도록 도와 준다. PMF를 빨리 찾으려면 이러한 분석에서 비롯되는 통찰이 대충 넘겨 짚는 것보다 낫다.

하지만 가장 효과적인 방법은 다름 아닌 소크라테스식 문답법이다. 모든 가정에 대해 간단명료하게 계속 질문해야 한다. 누구를 위한 제품인가? 그들은 이걸 왜 사용하는가? 나는 이걸 왜 쓰는가?

고객에게 질문하는 것 역시 필요하다. 어떻게 이 제품을 알게 되었는가? 이 제품을 다른 사람들에게 추천하는 것을 주저하는 이유는 무엇인가? 가장 마음에 드는 점은 무엇인가? 아무에게나 물어보거나 친구들에게 물어보지 마라. 물어보는 것도 과학적일 필요가 있다. 서베이몽키 SurveyMonkey [55], 우푸 Wufoo [56], 쿼럴루 Qualaroo [57], 구글 문서도구 Google Docs 같은 도구들을 이용하면 고객 모두를 대상으로 혹은 특정 고객에게 쉽게 설문조사를 할 수 있다.

처음에는 위에서 다룬 질문들을 하는 것이 좋다. 왜냐하면 그것에 대한 행동을 취하려고 하기 때문이다. 이제는 더 이상 친구나 동료, 배우자에게 아무도 원하지 않는 제품을 갖고 일해야 한다고 불평하지 마라.

이런 활동을 통해 얻는 모든 데이터를 반드시 활용해야만 하는 것은 아니지만 최소한 이것들을 모두 확보는 해야 한다. 중간 과정을 모른 채 통제 불가능한 형태의 접근 방식은 더 이상 쓸모 없다. 변할 수 있다. 즉, 모든 가능성을 받아들이고 열린 자세가 될 필요가 있다.

제품 시장 궁합은 갑자기 툭 튀어나오는 비현실적인 것이 아니다. 많은 회사들이 이를 달성하기 위해 일하고, 이것을 향해 한 걸음 한 걸음 나아가고 있다. PMF는 의사결정을 위한 명확한 증거이기 때문에 이것을 얻기 위해 몇 주, 심지어 몇 개월을 투입할 준비가 되어 있는 것이다. 소비자들이 현재 알고 있는 서비스의 모습은 그 서비스가 처음 출시되었을 때, 즉 제품 시장 궁합을 얻기 전과는 완전히 다르다.

하지만 이런 회사들도 PMF를 얻은 다음, 마냥 앉아서 성공이 알아서 찾아오기를 기다리지 않는다. 다음 단계는 고객들을 끌어오는 것이다.

STEP

2

GROWTH HACKING

나만의 그로스 해킹 찾기

당신의 사업과 매출을 성장시켜 성공하려면
잠재 고객이 제품에 대해 알게 되고
제품을 구매하는 방식에 맞추어 마케팅해야 한다.

: 브라이언 할리건(BRIAN HALLIGAN), 허브스팟(HUBSPOT) [58]의 창립자 :

마케팅할만한 가치가 있는 제품을 확보했다는 확신이 들 때까지 계속 테스트하고 검증하면서 그로스 해킹을 시작해야 한다. 그때가 되어야만 당신의 성장 엔진을 촉발하는 대변혁을 볼 수 있다. 이러한 도약 없이는 아무리 잘 만들어진 제품이나 위대한 아이디어라도 오갈 데 없는 신세가 된다.

예를 들어보자. 레딧 reddit [59]의 천재적인 그로스 해커인 아론 스와르츠 Aaron Swartz가 다른 두 서비스를 만들었다는 사실을 아는 사람은 많지 않다. 1999년 위키피디아 Wikipedia보다 먼저 협력 기반의 백과사전 서비스를 시작했다. 그리고 Watchdog.

net이라는 다른 웹 사이트도 만들었는데 이것은 전세계적으로 유명한 Change.org[60]와 상당히 비슷하다. 이 두 서비스 모두 매력적인 아이디어인 데다가 오늘날 실제로 사용하는 서비스들보다 먼저 나왔다. 하지만 아론의 서비스는 초기에 이용자 그룹을 끌어들이지 못했고 결국 실패했다.

라리사 맥파쿼 Larissa MacFarquhar가 《뉴요커 The New Yorker》에 이에 대한 글을 쓴 적이 있다. "예전에 아론은 만일 위대한 아이디어를 떠올린다면 사람들이 그것을 사용할 수 있게 할 수 있다고 믿었었다. 하지만 이제는 사람들이 알아서 당신에게 올 것이라고 기대해서는 안 된다는 것을 깨달았다. 그들을 끌고 와야만 하는 것이다."[61]

그로스 해커의 일은 우리 마케터들이 항상 하는 것과 같이 고객을 끌어오는 것이다.

하지만 어떻게 해야 하는가? 비싸고 비효율적인 구닥다리 방법은 확실히 아니다. 이런 말 하기는 좀 그렇지만 아메리칸 어패럴의 충성스러운 직원으로서 회사 로고가 새겨진 티셔츠를 사서 입고 다니는 것은 거리가 먼 방식이다. 재미있고 특별하다는 감정에 빠지게 할 수는 있지만 그것이 회사를 정말 거대한 무언가로 성장시키는 방법은 아닌 것이다. 이해가 되었는가?

만약 제품 시장 궁합을 확보한 상태라면 《뉴욕타임스》 일면에 제품 출시를 광고할 필요가 없다. 우리가 해야 할 일은 단지 《뉴욕타임스》가 우리 제품에 대해 약간이라도 기사를 다루게 하는 것이다. 수백만 명이 아니라 수백 명 혹은 수천 명의 핵심 인물만 움직이도록 하면 된다. 너무 큰 숫자는 아니니 마음이 놓이지 않는가? 기대 이상으로 효과가 좋다.

달리 말해 제품 출시는 우리가 종종 기대하는 것처럼 엄청난 캠페인이나 초기 성장을 강하게 이끄는 활력소와 같은 분위기를 자아내는 그런 캠페인이어야 할 필요가 없다. 대대적인 출시 행사가 아니라 전략적인 출시나 핵심 대상 이용자의 관심을 끌만한 연출이 필요하다.

그렇다. 구세대 방식과 마찬가지로 그로스 해킹 역시 고객을 끌어오는 것이 필요하다. 단지 그 방식이 싸고, 효과적이고, 대개는 독창적이면서 새로운 방식이라는 차이가 있을 뿐이다. 모든 전통적인 마케팅은 하나같이 새로운 뉴스거리나 광고 캠페인에서부터 시작하지만, 스타트업은 다양한 방식으로 제품을 출시할 수 있다.

드롭박스를 예로 들어보자. 현재 3억 명 이상의 사람들이 드롭박스를 사용하고 있지만, 최초의 파일 공유 서비스가 시작됐을 때는 대중에게 공개조차 되지 않았었다. 새로운 이용자들이 서비스에 가입하기 위해서는 초대를 받을 때까지 기다려야 했다. 회원 가입을 유도하기 위해서 창업자들은 서비스를 어떻게 사용하는지 알려주는 재미있는 데모 동영상을 만들었다.

많은 돈을 들여서 정교하고 세련된 영상을 만드는 제작사에게 의뢰하거나, 광고를 여기저기 뿌려서 사람들에게 억지로 노출시키지도 않았다. 창업자들이 직접 딱 맞는 영상을 만들어서 딱 맞는 위치에 배치했다. 딕 Digg [62], 슬래시닷 Slashdot [63], 레딧 등 이 영상을 어디에 올리면 효과적일지도 알고 있었고, 이런 커뮤니티들이 좋아하고 몰입할만한 모든 종류의 농담, 암시, 참조 등을 있는 대로 채워 넣었다.

그 결과 직접 만든 이 영상은 잠재적인 이용자들 사이에서 엄청나게 유명해졌다. 그 즉시 이 영상에서 바로 방문할 수 있는 페이지를 만들어서 수십만 명의 방문자를 끌어들였다. 그리고 그들을 회원 가입을 할 수 있는 웹 페이지(GetDropbox.com)로 유도함으로써 원래 5천 명 정도이던 대기자 수가 하룻밤 새에 7만 5천 명이 될 정도로 폭발적으로 늘어났다. 이 모든 과정은 추적 가능할 뿐 아니라 눈으로 확인할 수 있고 매우 효과적이었다.

이것이 바로 드롭박스가 바라던 전부였다. 정밀하게 타기팅된 막대한 이용자 트래픽을 가입 사이트에 유입시킨 뒤, 드롭박스 팀은 "좋아, 오늘 밤 어떻게 뉴스에 실리도록 해볼까?"와 같은 이야기를 하질 않았다. 그럴 필요가 없었던 것이다. 처음에 7만 5천 명이었던 이용자 수는 순식간에 거의 4백만 명이 되었고 계속 이어져서 현재는 3억 명 이상의 사람들이 드롭박스를 사용하고 있다.

몇 년 뒤 이메일 앱인 메일박스가 비슷한 전략을 바탕으로 출시되었다. 좀 더 전문적인 느낌이 드는 이 앱의 매력적인 데모 영상은 불과 4시간 만에 10만 건의 조회수를 기록했다. 매우 멋진 인터페이스로 만들어진 1분짜리 동영상은 이 앱을 설치하고자 대기하는 이용자가 얼마나 많은지를 보여줌으로써 수많은 소셜미디어에서 화제가 되었으며, 블로그상에서 관심을 끌어냈다. 6주 만에 백만 명의 이용자가 메일박스에 가입했고 이 서비스를 열렬히 기대하고 있다.

이런 방식이 다른 회사들에게도 효과가 있을까? 그럴 수 있다. 어쩌면 그로스 해킹은 이미 하나씩 진행되고 있는지도 모른다. 중요한 것은 이제 상당히 새롭고 흥미진진한 것을 알게 되었으며, 당신의 제품으로 시장에 폭발적인 에너지를 불어넣을 수 있는 수단을 발견했다는 것이다.

덧붙여서 가능성 있는 부적절한 반론 한 가지에 대해 바로 이야기하자면, 이것은 최초 고객을 찾는 것에만 국한되지 않는다는 것이다. 브랜드와 회사를 만들어 가는 것은 더 많은 고객을 확보하는 것과 같은 기법이 적용될 수 있다. 성장은 성장이다.

델타 Delta 와 버진 아메리카 Virgin America 항공을 이용하는 고객들이 eBay.com에 무료로 접속할 수 있도록 하기 위해 2012년에 고고 Gogo(비행기 내 와이파이 wifi 서비스 제공 회사)와 파트너십을 맺은 이베이를 보자(이 와이파이 서비스는 여전히 돈을 내야 하지만 노트북을 가지고 있으면 누구라도 이베이에는 무료로 접속해서 이용할 수 있다). 이베이는 왜 이렇게 했을까? 이베이는 비행기 안에 꼼짝 못하고 앉아서 따분해 하고 있는 수십만 명의 잠재적인 이용자들을 얻을 수 있는 기회를 다른 사업자의 플랫폼을 통해 만든 것이다. 이 사례는 테크 버블 시대에 태어난 1세대 회사들마저 여전히 그로스 해킹을 할 수 있다는 것을 보여 준다.

그런데 이 사례에서 가장 중요한 것은 무엇일까? 디지털 플랫폼 기반이기 때문에 이베이는 고고 서비스로부터 자신의 웹 사이트에 들어오는 트래픽과 그것을 통한 매출을 모두 손쉽게 추적할 수 있다.[64] 이런 액션을 계속해야 할지 말아야 할지, 또는 다른 기내 와이파이 제공 사업자들에게까지 확장해야 할지 결정하기 위해 이베이에게 필요한 것은 고고에게 지불하는 비용과 이렇게 사이트에 들어온 기내 이용자들이 만든 매출 수치뿐이다. 멋지지 않은가?

다른 많은 전자상거래 e-commerce 기업들이 이 선례를 따르는 것은 당연지사다.

모든 사람이 아니다, 딱 맞는 사람

마케팅 업종에서 과거의 사고방식은 일단 밖으로 나가서 예상되는 모든 사람을 끌고 오는 것이었다. 이런 압박은 우리 고객으로부터 시작되는 것이고, 많은 마케터들은 이런 자기 파괴적인 야심만만한 목표를 가슴 깊이 품었다. 나는 다음과 같은 느낌을 잘 알고 있다. 모든 곳에 노출되고 싶고, 수백만의 동영상 조회수를 원하고, 트위터의 핫이슈에도 노출되고 싶다. 모든 곳에 노출하려고 노력하지만 결국 어디에서도 목표를 달성하지 못하고 만다.

무엇이 문제인가? 이런 사람들 대부분은 자신의 고객이 되어 본 적이 없는 것이다.

그로스 해커는 이런 유혹(이라기보다는 기만이라고 표현하는 것이 보다 적절하다)에 저항한다. 그들은 새로운 테크 서비스의 성패를 좌우하는 초기 수용자 early adopter들을 되도록 최소의 비용으로 끌어들이는 데에 신중을 기한다. 실제로 이 책에서 다룬 하나하나의 스타트업, 서비스, 앱들이 사람들의 일상 생활 속에서 언급될 정도로 대중적으로 알려지지 않았던 이유 중 하나는 창업자들이 오로지 성장을 바라보며 자신의 에너지를 제품에 집중했기 때문이다. 그들은 이제 더 이상의 '입소문 buzz'이 없어도 수백만 이용자라는 강력한 무기를 지니고 있다. 적어도 시작할 때는 매스 마케팅에 의존하려는 욕구를 무시하면서 대중들에게 마케팅을 한 셈이다.

우리 제품에 높은 관심을 갖고 있고, 충성도가 있으며, 열광하는 이용자 집단에게 도달하고 그들을 사로잡는 데에 우리의 대외 마케팅과 홍보(PR) 노력이 필요하다는 뜻이다.

만약 그들이 긱 geek [65]이라면 테크크런치 [66]나 해커 뉴스 또는 레딧과 같은 웹 사이트에 자주 방문하거나 매년 열리는 다양한 컨퍼런스에 참석한다.

만약 그들이 패셔니스트 fashionist라면 Lookbook.nu나 Hypebeast 같은 패션 블로그들을 주기적으로 체크한다.

만약 그들이 당신이나 당신 회사의 창립자와 같은 ＿＿라면, 당신이 매일 읽는 것을 읽고 당신이 하는 것을 한다.

그들의 관심을 잡아서 서비스로 끌어들여라. 그것이 가장 쉬운 방법이다.

트래비스 칼라닉 Travis Kalanick과 가렛 캠프 Garrett Camp가 세운 자동차 서비스 회사인 우버 Uber는 오스틴 Austin에서 열리는 SXSW [67] 컨퍼런스에서 수년간 무료 시승 서비스를 제공하고 있다. 기술을 좋아하고, 젊으며, 연봉은 높지만 택시를 잡기는 쉽지 않은 수천 명의 잠재적인 우버 이용자들은 일주일 동안 이 서비스를 이용하면서 자극을 받는다. 한 해는 무료 시승을 제공했고, 다른 해에는 BBQ 배달을 제공했다. 광고에 수백만 달러를 지출하거나 서비스를 제공하는 도시마다 잠재적인 이용자들을 찾기 위해 엄청난 자원을 투자하는 대신 우버는 이런 사람들이 일 년에 한자리에 모두 모이는 그 일주일을 그저 기다렸다가 특별한 무언가를 실행에 옮기는 것이다. 우버가 이렇게 하는 이유는 몇 년 전에 트위터가 SXSW에서 비슷한 형태의 컨퍼런스 협력 활동으로 엄청난 인기몰이를 했던 것을 보았기 때문이다.

그로스 해커가 생각하는 방식은 어떻게 돈을 써야 가장 효과적인 한 방을 딱 맞는 사람에게 날릴 수 있느냐이다(다음과 같이 매우 평범한 질문이다. 어디에서 적절한 사람을 찾지? 만약 이 질문에 즉시 명확하게 답변할 수 없다면 자신이 속한 산업에 대해 충분히 알고 있지 않다는 뜻이며, 심지어 제품 출시를 재고해야 할 수도 있다. 끝).

최초의 이용자 집단에게 다가가기 위해 다음과 같은 여러 가지 방법을 사용해 볼 수 있다.

1. 잠재 이용자들이 종종 방문하는 웹 사이트에 "우리는 이런 사람이고, 이런 일을 합니다. 당신이 우리에 대해 글을 써야 하는 이유는 이런 것입니다"라고 짧은 연설이 담긴 이메일을 보내 볼 수 있다.[68]
2. 해커 뉴스, 큐오라 Quora [69], 레딧에 직접 글을 올릴 수도 있다.

3. 화제가 되는 주제에 대해 블로그 포스팅을 시작해 보는 것도 좋다. 방문자를 늘릴 뿐만 아니라 당신의 제품을 간접적으로 소개하는 데에도 효과적이다.

4. 킥스타터 플랫폼을 이용해서 최초의 이용자들을 끌어들이고 멋진 보상을 제공함으로써 참여를 유도할 수 있다. 물론 이런 활동은 동시에 온라인상의 화젯거리가 된다.

5. 헬프 어 리포터 아웃 Help a Reporter Out(www.helpareporter.com)과 같은 서비스를 이용해서 당신이 활약하는 분야에 대한 기삿거리를 찾는 기자들과 접촉해 볼 수도 있다.

6. 서비스를 무료로 제공하거나 약간의 특별한 보상(우리가 이야기하고 있는 것이 바로 이 보상을 어느 정도 적게 해도 되느냐이다)을 제공함으로써 잠재 고객을 한 명 한 명 찾아내고 초대할 수 있다.

이런 수단들을 하나 둘 해 보는 것은 이메일을 보내는 것처럼 쉽고 간단하다. 만약 당신의 제품이 정말로 이런 사람들을 위해 특별하게 만들어졌다면 그들은 기꺼이 홍보하기를 원할 것이다.

특정한 공간에서 소수의 불확실한 초기 사용사를 조금이

라도 끌어올 수 있다면 무슨 일이든 해야 한다. 이것이 핵심이다.

때때로 '꼼수'를 부리는 것도 매우 효과적이다. 이것은 종종 다른 경쟁자들이 아직 충분히 이해하지 못하고 있는 환경이나 플랫폼을 제대로 활용하는 것을 말한다.

그로스 해커라는 용어를 처음 만든 사람 중 한 명인 패트릭 블라스코비츠 Patrick Vlaskovits는 다음과 같이 잘 정리했다. "당신의 제품이 혁신적일수록, 소비자를 확보할 수 있는 새롭고 독창적인 방법을 찾을 수 있는 가능성이 더 크다." [70]

예를 들어보자.

1. 메일박스가 한 것처럼 초대를 통한 가입만 허용하는 기능은 독점적인 소유의 느낌을 만들 수 있다.

2. 가짜 프로필을 수백 개 만들어서 서비스를 실제보다 더 유명하고 활성화된 것처럼 보이게 만들 수 있다. 달리 말하면 사람들을 끌어들이는 데에 사람만한 것은 없다. 초창기에 레딧이 이 방법을 사용했다.

3. 하나의 서비스나 플랫폼을 선택해서 거기에만 독점적으로 서비스를 제공해 볼 수 있다. 이렇게 함으로써 상대방의 성장세에 올라타거나 심지어 그 성장세를 자기 것으로 가져오는 것도 근본적으로 가능하다. 이것은

페이팔 paypal이 이베이에 대해 취한 전략이다.

4. 작은 집단의 사람들을 대상으로 제품을 출시한 다음 제품이 바이러스처럼 알아서 퍼질 때까지 여기저기 다른 집단으로 옮겨 다니는 것을 시도할 수 있다. 이것은 페이스북의 성장 방식이다. 지금처럼 전세계 사람들을 다 끌어들이기 전에 페이스북은 하버드 Harvard 대학교를 시작으로 대학들을 옮겨 다니면서 성장했다.

5. 마이스페이스 Myspace [71], 옐프 Yelp [72], 유데미 Udemy [73]가 한 것처럼 멋진 이벤트를 개최해서 초기 이용자들을 서비스의 체계 안으로 하나하나 끌어들이는 방법도 가능하다.

6. 당신의 제품이 모든 사람들이 죽고 못살 정도로 완전히 새로운 기능을 제공한다면 앱 스토어를 철저하게 정복할 수 있다. 인스타그램은 출시 첫날 2만 5천 건이 다운로드되었으며, 스냅챗도 그랬다.

7. 투자보다는 가치 있는 추종자들과 명성을 활용하기 위해 영향력 있는 자문가나 투자자를 끌어들이는 것도 좋다. 어바웃미 About.me [74]와 트리피 Trippy [75]가 득을 본 방법으로 이후 많은 스타트업들이 따라 했다.

8. 전자상거래 서비스를 하고 있다면 모든 구매 고객의 일부에게 자선 기부를 선택적으로 할 수 있도록 특별한 서브 도메인을 설정하는 것도 하나의 방법이다. 아

마존이 올해 smile.amazon.com을 통해 실행한 방법으로서 크게 성공했다. 이미 성공한 대기업이라도 작은 그로스 해킹들을 시도해 볼 수 있음을 시사하는 대표 사례이기도 하다.

9. 피임/불임 클리닉의 경우 클리닉 의뢰자의 이름을 따서 작명한다든가 SNS상에서 유명세를 얻은 인기인들에게 자기 자신에 대해 공격적인 발언을 하게끔 한다든가 해서 당신의 책을 더 많이 팔리도록 하는 등 할 수 있는 모든 종류의 선전 활동을 해 볼 수 있다. 이것은 내가 사용한 꼼수이다.[76]

이런 모든 종류의 활동은 성장을 위한 것으로 매우 확고한 사고방식과 확고한 목표 아래 이루어진다. 우리는 '말을 퍼뜨리는 것'이 아니며 6개월 안에 누군가가 상점에서 우리 제품을 발견하고 구매할 것을 바라며 타임 스퀘어 Times Square [77] 에 광고하는 것이 아니다. 대신 지금 이 순간 신규 가입을 하는 초기 이용자와 소비자 집단을 만드는 데에 더욱 신경을 써야 한다는 의미이다.

사람들이 당신의 제품을 어떻게 알고 어떻게 찾았는지는 중요하지 않다. 얼마나 많은 사람이 가입했는지가 중요하다. 만약 전단지를 길에 뿌린 것에 성공했다면 그것이 바로 그로스 해킹이다.

앞에서 말한 전략 하나하나는 트로이 목마처럼 그 나름의 사용법이 있다. 마케팅이라고는 쉽게 생각되지 않는 것들을 하나씩 해 보면서 회사는 잠재적인 이용자들에게 다가갈 수 있고, 그 다음에는 그들을 소비자, 고객, 가입자로 전환시킬 수 있게 된다. 당신은 어떤 트로이 목마를 쓸 것인가?

기술적으로 들어가 보자

영화 산업에서의 전통적인 마케팅 패러다임을 살펴보자. 일 단 비싼 개봉 행사를 한 다음 개봉 첫 주 티켓 매출을 끌어올 리는 것을 바란다. 이런 걸 보고 그로스 해커는 말한다. "이 봐, 21세기라고. 우리가 어떻게 새로운 고객을 끌어들이고 사 로잡았는지 훨씬 더 기술적으로 측정할 수 있단 말이야."

스타트업 세계는 초기 이용자 집단에서부터 매출을 이끄 는 똑똑한 그로스 해킹을 실행하는 회사들로 가득 차 있다. 어떻게 해서든 살 길을 찾아야 하는 강력한 동요 상황이 스타 트업들을 매우 창의적으로 만든다.

에어비앤비를 다시 살펴보자. 이 회사의 가장 효과적인 (위대한 제품을 만든 것은 일단 제쳐놓고) 마케팅 전술은 전 통적인 마케팅 팀에서는 시도는 물론 생각조차 할 수 없던 것 이었다. 이용자들이 에어비앤비에 매물을 올리면 자동으로 크레이그리스트 craigslist [78]에도 동시에 매물이 올라가는 기능을 마케터가 아닌 개발자들이 만들었다. 크레이그리스트는 이런 기능을 기술적으로 '제공'하지 않았기 때문에 이것은 대단히 독창적이고 교묘한 작품이었다. 그 결과, 작은 웹 사이트였던 에어비앤비는 갑자기 세계에서 가장 유명한 웹 사이트 중 하나에 자신의 매물을 그것도 무료로 퍼뜨릴 수 있게 되었다.

앤드류 챈은 이 전술을 위한 스터디에서 다음과 같이 이야기했다.

> 솔직히, 전통적인 마케터는 이런 식의 결합을 생각할 수조차 없다. 이것을 이루려면 기술적인 고려를 수없이 해야 한다. 그 결과 크레이그리스트로부터 더 많은 이용자들을 확보하는 문제에 대한 답을 낼 수 있었던 것은 개발자뿐이었다. [79]

저렴한 광고나 이메일을 활용하는 성향의 다이렉트 마케터 [80] 역시 이런 해결책을 찾을 수 있으리라고는 생각하지 않는다. 이건 완전히 다른 접근법이다. 이 사례의 반은 전략이고 반은 개발이다. 이 조합의 적절한 형태는 상황에 따라 다르겠지만 한 가지 공통점은 언제나 새로운 사고에서 비롯되며 예산의 제약을 받지 않는다는 것이다.

현대 사회에서 마케터의 일을 '브랜드 구축'이나 존재하고 있는 브랜드를 유지하는 것으로 한정할 필요가 없다. 우리는 엄청나게 충성적이고 열정적인, 이용자라는 군대를 보다 수월하게 만들 수 있게 되었다. 어느 것이 더 추적하고, 정의하고, 성장시키기 쉬운가? 어느 것이 현실적이고, 어느 것이 그저 아이디어일 뿐인가? 이에 대해 답을 찾으면 브랜드는 자연히 뒤따라온다.

그로스 해커 1세대 중 한 명으로서 패트릭 블라스코비츠와 함께 그로스 해커라는 용어를 만든 션 엘리스 Sean Ellis 는 이렇게 말했다. "소비자의 '인식 awareness'에 신경 쓰는 전통적인 방식에서 벗어나 소비자를 확보하는 것에 집중하라. 어느 규모가 되면 인식이나 브랜드 구축이 의미가 있지만 처음 1년이나 2년은 이런 건 완전히 쓸데없는 돈 낭비일 뿐이다." [81]

전통적인 마케팅 모델에서 가장 교활한 부분은 '성대한 출시 잔치' 신화이다. 더불어 너무나 많은 사람들이 웹 서비스에 대해 "만들면 올거야"라는 유혹적인 가정을 하고 있다. 이 두 개는 굉장히 간단하지만 거의 효과가 없다.

아론 슈바르츠가 깨달은 것을 돌이켜 보자. 이용자들은 데리고 와야 하는 존재이다. 좋은 아이디어로는 충분하지 않다. 사실 당신의 고객은 '확보되어야만' 하는 것이다. 융단폭격과 같은 방식은 이것에 적합하지 않다. 딱 맞는 사람들이 모여 있는 딱 맞는 장소를 조준 사격해야만 한다.

당신의 스타트업은 그로스 엔진을 달아야 한다. 초창기 어떤 임계점에 도달해서 이 엔진에 시동을 걸어야만 한다. 좋은 소식은 이 시동 걸기는 딱 한 번만 하면 된다는 것이다. 다음 단계가 더 많은 관심을 얻거나 홍보를 하는 것이 아니기 때문이다. 전통적인 마케팅의 반복되는 홍보 사이클은 우리의 목적지가 아니다. 일단 최초의 고객을 끌어들이기만 하면 다음 단계는 그들을 우리 편으로 만드는 것이다.

STEP

3

GROWTH HACKING

1을 2로 만들고, 2를 4로 만드는 법 : 구전 효과 만들기

구전성은 운이 아니다. 마술도 아니다. 랜덤은 더더욱 아니다.
사람들이 어떤 것에 대해 말하고 공유하는 이면에는 과학이 있다.
요리법과 공식도 있다.

: 조나 버거(JONAH BERGER) :

수많은 미팅 자리에서 고객들로부터 이런 부탁을 듣게 된다. "구전 효과가 발생하기를 원합니다. 온라인에서 사람들이 이것을 공유하게 해 주세요."

모든 사람들은 이것을 원한다. 구전 효과로 인해 대규모 사람들이 공유하는 것이 이 요청 사항만큼이나 간단한 듯이 부탁의 말을 던진다. 고객이 이런 말을 할 때마다 나는 움츠려 들게 된다.

그로스 해커는 이렇게 반응한다. "그런데 왜 고객이 그렇게 해야 하죠? 실제로 당신의 제품은 퍼뜨리기 편하게 만들어졌나요? 제품 자체가 정말 말할 가치는 있는 건가요?"

이 질문에 대해 사람들이 얼마나 대답하기 꺼려하는지 놀라울 정도이다. 나를 포함해서 말이다. 그들은 '구전 효과 만들기 going viral'가 마법과도 같이 어느 제품에서든지 일어날 수 있는 것으로 가정한다. 하지만 구전성 virality은 그렇게 우연히 생기지 않는다.

겉으로 보기에는 우연히 발생했을지라도 사실은 그렇지 않다. 브루클린 Brooklyn의 작은 의복 회사에서 시작된 홀스티 선언 Holstee Manifesto을 예로 들어보자. 홀스티 선언은 자신의 꿈을 따르고 자신의 열정에 충실한 삶을 살라고 하는 스스로에게 영감을 주는 선언문이다. 이것은 자기 홍보를 훨씬 뛰어넘는 힘을 지니고 있었기 때문에 사장이 만든 짧은 영상은 6천만 번 이상 재생되었고 십여 개의 언어로 번역되었다.

이 선언을 만든 사람은 구전 효과가 발생할 것을 예상하고 수많은 새로운 고객들 앞에서 회사를 만들었을까? 당연히 아니다. 하지만 이것은 영감을 불러일으키고, 가동적이며, 청중 개개인에게 직접적으로 꽂히는 데다가 간결하기 때문에 다른 회사들이 매일 쏟아내는 따분하고 별 의미 없는 다른 선언문들보다 훨씬 더 구전될 기회가 많았다.

특정한 조건을 만족하는 제품이나 사업, 콘텐츠만이 구전으로 확산된다. 퍼질만한 가치를 지니고 있어야 할 뿐만 아니라 사람들에게 퍼뜨리고 싶은 욕구를 자극해야만 한다. 이것을 갖추기 전까지는 혹은 당신의 고객이 진정 놀랄만한 제품을 만들기 전까지는 절대로 구전 효과가 일어나지 않는다.

구전성의 근간에는 다른 사람에게 그들의 사회적 자산을 사용해서 당신에 대해 추천하거나 링크를 걸거나 글을 올리는 것을 '무료'로 해달라는 부탁이 깔렸다. 당신은 이렇게 말할 것이다. "페이스북에 저에 대한 글을 올려 주세요. 제가 만든 비디오를 보라고 친구들에게 말해 주세요. 이 서비스를 이용해 보라고 당신의 연락처에 있는 사람들을 초대해 주세요." 이런 엄청난 호의를 당신에게 베풀도록 만들 수 있는 최고의 방법이 무엇이냐고? 호의를 베푸는 것으로 보이지 않게 만들어라. 충분히 퍼뜨릴만한 가치가 있도록 만들고, 더 나아가서 퍼뜨리는 데에 공헌하고 싶도록 만들어라.

구전 확산이 그로스 해커의 접근 방법에서 핵심이 되는 이유는 너무도 당연하다. 일단 모든 잠재적인 고객에게 돈을 한 푼도 쓰지 않겠다고(유료 광고나 홍보 등) 결심한 이상, 무언가 다른 방식으로 그들에게 접근해야 한다는 것을 받아들인 셈이다. 이것은 구전 효과를 만드는 데에 이용자들 그 자체에 의존하겠다는 것을 의미한다.

그로스 해커는 이런 상황을 운에 맡기지 않는다는 것이 핵심적인 차이이다. 그로스 해커는 홀스티와 같은 사례를 기분 좋은 놀라움으로 즐기려고 기다리지 않는다. 구전성은 이미 확산되었다는 사실에서부터 오는 것이 아니다. 그 대신 제품의 탄생부터 공유할만한 가치를 지녀야만 하고, 무엇보다도 먼저 구전성을 가능하게 하는 도구와 캠페인을 제품에 추가함으로써 당신이 원하는 확산을 촉진시키고 용이하게 만들어야만 한다.

가장 단순하지만 가장 직접적인 사례가 바로 그루폰 Groupon 이나 리빙소셜 LivingSocial [82]과 같은 데일리 딜의 선구자들이다. 이들 사이트에서 이루어지는 각각의 할인 판매(서비스가 출시되었을 당시에는 현재보다 훨씬 더 흥미를 끌었다)에는 추가적인 구매 제안이 뒤따른다. 그루폰의 경우 '친구에게 추천 (Refer a friend)'을 한 상태에서 친구가 처음 구매를 하면 10달러를 받았다. 리빙소셜은 '무료로 물건 받기(Get this deal for free)'를 제시했는데 할인 제품으로 올라온 것을 구매한 다음 친구들에게 특별한 링크를 공유하여 그 링크를 통해 세 명의 친구가 구매를 하면 자신이 구매한 거래는 무료로 해 주는 것이었다. 가격이 얼마인지는 상관하지 않는다.

명확하게 짚고 넘어가자. 그저 공유를 권장해서는 안 되며 공유하도록 만드는 강력한 동기를 만들어야만 한다. 만약 당신의 제품이 그렇지 못하다면 대체 누가 그것을 공유하겠는가? 반면 제대로 만들기만 하면 사람들은 그 제품을 앞장서서 광고할 것이다. 마치 그렇게 해서 자신이 이득이라도 보는 것처럼 말이다!

이 자리에서 내가 가장 좋아하는 이야기인 동기 부여에 대한 내용을 공유하지 않는다면 별로 기분이 좋지 않을 것이다. 디스트로키드 DistroKid라는 음악가들이 스포티파이 Spotify [83], 아이튠즈 iTunes, 아마존에 자신의 음악을 올리는 것을 도와주는 서비스가 있다. 이 서비스는 5명의 친구를 가입시키면 무료로 서비스를 제공하는 기능을 만들어서 적용했다.

그런데 이 기능을 이용해서 부정행위를 하는 이용자들이 일부 생겨났다. 무료 이용권을 받기 위해서 가짜 계정 5개를 추천하고 가입시키는 것이었다. 이것으로 인해 해당 기능을 없애거나 보다 엄격한 기준을 적용했을 것이라고 생각하겠지만 그렇지 않았다. 가게에서 물건을 훔친 여자를 위해 생필품을 대신 사준 경찰관의 이야기가 그 당시 화제가 되었었는데 여기에서 힌트를 얻은 창립자는 장학금 제도를 만들어서 이에 응수했다. 만약 추천 가입 프로그램을 부당하게 이용한 것이 발각되었을 경우 서비스는 두 가지 옵션을 제시한다. 돈을 지불하거나 아니면 서비스 차원에서 한턱 내는 무료 사용권을 받거나. [84]

얼마나 멋진가? 이 정책을 통해 회사는 온갖 종류의 관심을 받는 엄청난 홍보를 한 셈이 되었다. 계속해서 추천 프로그램을 유지했을 뿐만 아니라 이로 인해 원래는 불성실하고 부적절하게 혜택을 이용하려던 이용자들을 세상에 둘도 없는 제품 전도사로 바꾸어버렸을 것이다.

갑자기 콘텐츠가 많이 퍼지기를 바라는 마음에서 "페이스북에서 좋아요 해 주세요"나 "트위터에 이 글을 올려주세요" 버튼을 블로그 글의 맨 밑에 툭 붙여 놓는 것과 앞에서 언급한 접근 방법이 얼마나 확연하게 다른 지 명확히 이해하기를 바란다. 그루폰, 리빙소셜, 디스트로키드는 모든 거래들이 그 자체가 광고이기 때문에 얼마나 많은 광고비를 절약할 수 있었을지 생각해 보라. 기존의 고객들을 그렇게 만들었을 뿐만 아니라 새로운 고객들도 마찬가지 행동을 하도록 만들었다.

선전

구전성에 대한 연구로 유명한 사회 과학자인 조나 버거는 무언가를 퍼뜨릴 때 가장 핵심적인 요소는 공공성 publicness(여기서의 공공성은 공공 캠페인 같이 공공의 이익을 위한다는 뜻을 내포하는 것이 아니라 openness, 즉 누구에게나 열려 있고 또한 불특정 다수의 많은 사람들이 봐도 무리가 없는 것을 의미한다 – 역자주)이라고 했다. 그의 저서 《컨테이저스 Contagious》에 따르면 "눈에 띄게 만들면 따라하기 쉽고, 보다 쉽게 유명해질 수 있다…… 이미 제품을 구매했거나 제품의 아이디어에 대해 신봉하는 사람들이 근처를 맴돌고, 그 자체로 서 광고가 되는 제품과 동기 유발 요인을 디자인할 필요가 있 다."[85]

이것이 바로 많은 스타트업들이 대형 플랫폼과의 정교한 결합을 통해 현재의 거대한 이용자 기반을 만들었다고 말하 는 이유이다.

페이스북 이용자는 평균적으로 150명 이상의 페이스북 친 구가 있다. 따라서 트위터에 올린 글을 페이스북에 동시에 올 리거나, 인스타그램에 올린 사진이 자동으로 페이스북에 올 라가면 엄청나게 강력한 효과를 발휘한다.

2011년 미국에서 출시된 음악 스트리밍 서비스인 스포티 파이가 페이스북과의 결합을 통해 막대한 성장을 하고 확산 된 것은 의심할 여지가 없는 사실이다. 얼마나 많은 사람들이 친구들이 음악을 듣고 있는 것을 보고 "오, 나도 한 번 해 볼 까?"라고 생각했을 지 안 봐도 뻔하지 않을까?

스포티파이는 페이스북과 스포티파이 양쪽에 모두 투자한 션 파커라는 비밀 병기를 갖고 있었기에 이러한 달콤한 거래 를 할 수 있었다. 우리 대부분은 이런 종류의 비책이 없다. 그 렇다고 해서 우리가 우리 제품을 대중적으로 알리거나 무료 로 광고할 수 있는 방법이 아주 없다는 뜻은 아니다. 이익을 얻기 위해서 다른 사람들의 네트워크를 이용할 수 있다.

예를 들어 드롭박스는 고객이 드롭박스 계정을 페이스북이나 트위터 계정에 연결하면 150메가바이트의 용량을 보너스로 제공했다.

앞에서 초창기에 그로스 해킹을 시도한 사례로 살펴보았던 핫메일을 보자. 핫메일은 이용자가 보낸 모든 메일을 새로운 고객을 확보하는 판촉 홍보물로 사용했다. 애플 Apple과 블랙베리 BlackBerry의 경우 "아이폰에서 보낸 메시지입니다(Sent from my iPhone)" 또는 "블랙베리에서 보낸 메시지입니다(Sent from my BlackBerry)"라는 문구를 자사의 핸드폰에서 보내는 모든 이메일에 추가함으로써 기기 자체를 광고 엔진으로 전환시켜서 활용했다.

애플은 특히 공공성을 이용하여 제품과 마케팅 전략을 만드는 데 있어서 진보적이고 탁월했다. 첫째 아이팟 iPod을 출시하면서 그들이 내린 핵심적인 결정은 헤드폰의 색상을 검은색이 아니라 흰색으로 하는 것이었다. 헤드폰을 살 때 그다지 중요하게 고려하지 않았던 심미적인 요소 하나 덕분에 애플은 이 헤드폰을 산 수많은 사람들을 걸어다니는 광고판으로 만들어버렸다. 거의 모든 애플 제품 포장 박스 안에 들어 있는 것이 무엇인지 아는가? 애플 스티커다. 최근 수년에 걸쳐 애플이 이런 식으로 뿌린 스티커는 어쩌면 현재 시점에서 수억 장일 수도 있다. 이 스티커들의 상낭수는 벽이나 자동차

범퍼나 각종 기기(PC 사용자임을 수치스러워하는 사람들까지) 등 전세계 곳곳에 딱 붙어서 떨어지지 않고 있다.

이제 스타트업이 이 전례를 따르고 있다. 메일 수신함을 정리하는 서비스인 메일박스는 이용자의 이메일 뒤에 "메일박스에서 보냈습니다(Sent from Mailbox)"라는 한 줄 문구를 추가한다. 올해 세금 관련 서류를 터보택스TurboTax로 정리하는데, 이 서비스가 내게 제안을 했다. 터보택스를 통해 세금 환급을 받았다는 내용이 적혀진 트윗을 트위터에 올리기를 원하느냐는 것이었다. 몇 달 전 Coinbase.com에서 처음으로 비트코인Bitcoin[86]을 구매했을 때에도 정산 과정에서 "나는 방금 1비트코인을 코인베이스에서 구매했어요! https://coinbase.com"과 같은 미리 준비된 메시지를 트윗할 것을 권유받았었다. 이 메시지에 내가 비트코인을 산 가격을 추가하는 것은 기술적으로 어려워 보이지 않았는데, 만약 그렇게 했다면 비트코인의 화폐 가치가 얼마나 오르고 있는지 광고하는 효과를 만들었을 것이다. 마지막으로 내 드롭캠Dropcam[87]은 이 카메라로 찍은 영상을 놀랍도록 쉽게 공유하는 기능을 제공하며 그렇게 하게끔 적극적으로 권유한다. 이것을 감시 카메라로 이용하는 나 같은 소비자에게는 영상을 공유해봐야 별다른 효용을 느끼지 못할 것이라고 생각할지도 모른다. 하지만 내가 집을 비운 어느 날, 애완견 닥스훈트가 늑대처럼 울부짖는 모습을 영상으로 봤을 때(지난 7년 동안 이와 비슷한 모습 조차 단 한 번도 볼 수 없었다), 내가 바로 페이스북과 이메일 로 공유했다는 것을 짐작할 수 있을 것이다.

회사가 결정하고 진행하는 일이지만 이 모든 것은 모두 무료로 브랜드를 만드는 것이고 엄청나게 강력하다. 그런데 스냅챗은 본질적으로 사적이며 기록에 남지 않는 메시지를 주고받는 서비스이기 때문에 이에 반대되는 흥미로운 사례라 고 생각한다. 이 서비스는 엄청난 구전성을 지니고 있지만 공 공연하게 열려 있지 않다. 사실, 이 서비스가 사적이고, 은밀 하며, 비영속적인 속성을 지니고 있기 때문에 그 브랜드가 굉 장히 멋진 것이다. 쟁점이 되는 이 특징이 바로 구전 효과를 강력하게 만든다.

그로스 해커는 전통적인 마케터들이 신제품 발표에 돈을 쓰는 것과 같은 행동은 가치가 없다고 생각하지만, 브랜드를 만드는 일이 가치 없다고 생각하지는 않는다는 사실을 기억 해라. 그로스 해커는 전국 방송의 광고비나 제품을 홍보할 연 예인에게 돈을 써서 브랜드의 인지도를 만들려고 하지 않는 다. 그 대신 무료로 획득할 수 있는 소셜 통화를 확보하는 다 양한 방법을 강구한다. 제품 자체만으로 대중에게 노출시키 며 수천 명의 작은 이용자 행동을 통해 브랜드를 만드는 방법 을 추구한다.

어쨌든 이것이 훨씬 더 의미 있는 방식이 아닌가? 비싼 광고나 골프 토너먼트 스폰서를 이용하여 브랜드를 만드는 것이 아니라 소비자의 이야기와 존재 그 자체로 브랜드를 쌓아가는 것 말이다.

구전성을 그로스 해킹하기

드롭박스의 창립자들은 멋진 데모 동영상과 소셜미디어 전략으로 초기 이용자 집단을 끌어들인 이후에 선택해야 할 것이 있었다. 더 많은 영상과 더 많은 소셜미디어와 같이 똑같은 방법으로 지속적인 성장을 시도해 볼 수도 있었고, 전형적인 마케팅 교훈을 따라 브랜드를 대폭 키우기 위해서 광고를 하는 대안도 있었다. 그들은 후자를 선택했는데 단지 233달러에서 388달러 정도를 광고에 지출해야 한 명의 가입자를 만들 수 있다는 사실을 알아내기 위한 정도로만 광고를 했다.[88] 드롭박스 팀은 그로스 엔진을 찾기 위해 14개월 이상의 사투를 거친 끝에 신의 계시라고 부를 만한 결과에 도달했다. 유명한 그로스 해커인 션 엘리스와 대화를 나누면서 얻은 아이디어를 토대로 드롭박스는 스타트업 세계에서 가장 효과적이면서 구전 효과가 강한 추천 프로그램 중 하나를 만들었다.

그것은 서비스의 첫 페이지에 "무료 공간을 가져가세요(Get free space)"라는 작은 버튼 하나를 붙여 놓은 굉장히 단순한 것이었다. 이 제공 서비스는 이용자가 친구를 초대하고, 초대한 친구 한 명이 가입할 때마다 500메가바이트의 용량을 이용자에게 무료로 제공하는 것이었다. 이 서비스를 제공한 직후 가입자가 대략 60% 증가했으며, 이 상태로 수개월간 흐름이 지속되었다. 이 프로그램 때문에 한 달에 280만 명의 신규 가입자가 생겼다. 굳이 이유를 설명할 필요가 없을 정도로 당연한 결과이다.

앞에서 언급했듯이 다른 대안은 한 명을 신규 가입시키는 데에 거의 400달러 정도를 광고비로 지출하는 것이었다. 당신이나 나나 학교에서 수학이나 컴퓨터 과학을 배우지 않았을지 모르지만 간단한 산수는 할 수 있다. 추천 가입과 유료 광고의 비교는 누구에게나 결과가 명백한 A/B 테스트나 마찬가지이다. 추천 가입이 이겼다. 그리고 오늘날 드롭박스 고객의 35%는 추천을 통해 가입한다.

여기서 이야기하고자 하는 간단한 진리는 우리가 자주 부정하고자 하는 것이다. 만약 구전 효과를 만들고 싶다면 그것은 당신의 제품 자체에서 나와야 한다. 그것을 공유해야 하는 이유가 있어야 한다. 그리고 공유시키는 방법 자체를 포함하고 있어야 한다.

이것은 그렇게 쉽지 않지만 일단 세상을 이런 식으로 보기 시작하면 기회를 잡을 수 있게 된다. 당신은 원하는 것이 무엇이든 유튜브 동영상으로 뚝딱 만들어서 천만 번 이상의 조회수를 기대할 수 없다는 것을 이해할 것이다. 커뮤니티에 지속적으로 전달하여 그것을 주위에 퍼뜨릴 이유가 있어야만 한다. 당신의 이용자가 당신 제품의 열렬한 전도사가 되기를 기대만 할 것이 아니라 그들이 그렇게 행동하기 위한 동기와 플랫폼을 갖추어야 한다.

구전성은 우연히 만들어지지 않는다. 구전성은 정교하게 가공되는 것이다.

하지만 이런 구전 요소가 손쉽게 만들어지고 작동할 것을 쉽사리 기대하지는 않는다. 당신의 그로스 엔진을 유지하며 그 자체를 계속 진화시켜라. 가능한 모든 분석 기법을 있는 대로 활용해서 다듬고, 다듬고, 또 다듬어서 최대의 결과치를 만들어야만 한다.

STEP

GROWTH HACKING

순환 고리의 마무리 : 유지와 최적화

당신이 들었던 것을 모두 잊어야 하는 객관성을 갖추어야 한다.
그동안 쌓아둔 것들을 정리하고, 과학자가 하듯이 사실에 입각한 연구를 해라.

: 스티브 워즈니악(STEVE WOZNIAK) :

만약 그로스 해킹 절차가 예전에는 마케터 영역 밖의 것으로
여기던 것(제품 개발)에서 시작한다면, 그 마무리는 다른 한
편에서 이루어지는 것이 정말 자연스럽다고 생각한다.

패션 산업과 출판 산업에서 배운 경험으로 비추어 볼 때
전통적인 마케터의 일은 잠재적인 고객을 유치하기 위해 우
위를 확보하는 것이다. 그들과 무슨 일을 하는지 알아내는 것
은 다른 사람의 일이다.

하지만 이게 더 이상 의미 있는 이야기일까?

우선 작은 회사에서는 다른 사람 자체가 없다. 잠재적인

고객을 데려오는 것만이 당신의 일이 아니라 평생 고객으로 만드는 것도 당신이 해야 할 일이다. 사실 헌신적이고 행복한 이용자는 그 자체가 마케팅 도구이다.

밑 빠진 독에 물을 붓는 것처럼 마케팅 채널을 통해 확보한 신규 고객의 상당량이 즉시 다 빠져나가 버린다면 끌어들인들 무엇하겠는가? 미디어 광고나 마케팅을 통해 당신의 제품에 대한 어떤 괜찮은 인식을 만들었는데 만약 사람들이 그 제품을 시도해 보려고 하는 순간 그것이 과대 광고였다는 것을 알아차린다면 그 인식이라는 것이 무슨 소용인가?

마케팅은 어떤 관문이나 웹 사이트로 사람들을 계속해서 보내는 일일 필요는 없다. 요즘은 분석 기법을 통해, 마케팅 요인을 통해 끌고 온 신규 이용자들이 실제로 어디에서 안착하는 지를 명확하게 알 수 있다. 이것을 '전환율 conversion rate'이라고 한다. 이것이 무엇인지 제대로 이해하고 사용해라!

초창기 트위터도 같은 문제를 겪었다. 마케팅 팀은 최선의 마케팅 활동이 더 많은 고객을 끌어들이는 것과는 상관이 없다는 것을 알아차릴 정도로는 똑똑했다. 그들은 광고를 사고 이메일을 보내고, 보다 많은 보도 기사를 내보면서 마케팅 활동을 했지만 그것은 그들에게 필요한 것이 아니었다. 그들에게 필요한 것은 이미 몰입되고 있는 장래가 유망한 이용자들을 만드는 일이었다.

트위터는 각종 매체와 온라인상의 화젯거리에서 종종 등장했기 때문에 새로운 이용자들은 떼를 지어 트위터에 가입하곤 했다. 하지만 그들 대부분이 계정만 만들고 실제로는 전혀 사용하지 않았다. 그 즈음에 죠시 엘만 Josh Elman이라는 그로스 해커가 입사했다. 엘만과 25명의 그로스 해커로 구성된 팀은 수많은 통계분석을 통해 이용자가 가입한 첫날에 다섯 개에서 열 개의 계정을 자신이 직접 골라서 팔로우 follow하거나, 친구를 맺은 이용자들이 다른 가입자들보다 서비스를 계속 이용할 확률이 훨씬 높은 것을 발견했다.

엘만은 내게 이렇게 설명했다.

회사에 처음 들어왔을 당시 트위터에서 신규 가입자에게 제안하는 추천 팔로우 이용자 리스트는 무작위로 뽑힌 20명이었다. 주어진 데이터에서 뽑은 통찰을 바탕으로 우리 팀은 기존의 신규 가입 이용자 흐름을 완전히 바꾸었다. 즉, 처음에 10명 미만의 사람들을 팔로우하도록 북돋아 주었고, 팔로우할 사람이 기본적으로 선택되도록 하는 대신 여러 가지 선택권을 제공했다. 그리고 나서 웹 사이트의 가장자리 사이드바 영역을 활용하여 신규 이용자에게 팔로우할만한 사람들을 지속적으로 제시하는 기능을 만들었다. 이 두 가지 변화는 이용자들이 다른 이용자들을 팔로우하기 시작하도록 만들었고, 이보다 더 중요했던 것은 팔로잉이라는 행동이 트위터를 가장 잘 이용하는 방법이라는 것을 이용자가 이해하도록 만들었다는 점이다. 시간이 지나면서 많은 사람들이 이 흐름을 따르면서 점차 많은 사람들이 서비스에서 이탈하지 않고 계속 남게 되었다.[89]

이 혁신 덕분에 수백만 명의 행복한 이용자들이 트위터에서만이 아니라 다른 소셜네트워크 서비스에서도 잘 머무를 수 있게 되었다. 예를 들어 디자인에 대한 영감을 주는 유명한 커뮤니티인 핀터레스트는 신규 이용자들에게 자동으로 우수한 기존 이용자들을 팔로우할 수 있도록 하는 기능을 적용했다. 따라서 새로 가입하는 모든 이용자들이 가입하자마자 뛰어나고 매력적인 콘텐츠를 볼 수 있게 되었다.[90] 회사는 이 용자들이 무엇을 해야 할지 스스로 알아채기를 희망하기 보다는 시작해야 할 일이 무엇인지 이용자에게 직접적으로 제시한 것이다.

이게 무슨 마케팅이냐고? 이것이 마케팅이 아니라는 것은 나도 잘 안다. 이건 문자 그대로 제품/기능 개발 의사결정이다. 하지만 보다 나은 신규 이용자 유입률을 만들었고 더 많은 이용자들의 상호작용을 유도했다면 이것은 마케팅이다(구전 기능을 구현했다면 더 많은 이용자들이 이용할수록 더 많이 퍼진다는 것을 기억해라). 이러한 움직임은 트위터를 키웠고, 핀터레스트를 성장시켰다. 그렇다면 이게 위대한 마케팅이 아니라고 누가 주장할 수 있겠는가?

이제 모든 회사는 고유의 지표와 정의를 갖추려 하고 있다. 페이스북의 그로스 해커들은 가입하고 나서 10일 이내에 7명의 친구들을 추가한 이용자가 가장 상호작용을 많이 하고 활발하게 서비스에서 활동하게 된다는 것을 알았다. 그렇다면 그 집단이 바로 페이스북이 기능을 만들고 캠페인을 해서 활성화해야 하는 이용자 계층인 것이다. 징가에서는 모든 활동이 D1 이용자, 즉 신규 가입하고 나서 하루가 지난 다음에 서비스를 이탈하지 않고 되돌아오는 이용자를 중심으로 이루어진다. 드롭박스에서는 계정을 생성하기만 한 것이 아니라 최소한 하나의 파일을 드롭박스 폴더에 옮겨 놓은 이용자가 주대상이다. [91]

지표는 당신이 이루고자 하는 것이 무엇이냐에 따라 다소 상대적일 수 있다는 것을 명심해라. 성장을 위해 가장 중요한 지표가 무엇인지 파악하고, 그것에 집중해라. 이용자에 대해 다른 사람의 말을 듣거나 당신 자신이 독단적으로 판단하지 말라.

그렇게 하지 않은 대표적인 사례가 그루폰이다. 언론이 역사상 가장 빠르게 성장한 회사 중 하나로 그루폰을 인정한 이후로 그들은 성장에 사로잡혔다. 왜냐하면 그것이 가장 중요한 척도였기 때문이 아니라 가장 단순 명확한 척도였기 때문이다.

그로스 해커는 그러한 지표를 '허영 지표 vanity metrics'라고 부른다. 비유하자면, 만약 디즈니랜드가 매일 유원지를 방문한 사람의 숫자에 전적으로 의존해서 스스로를 평가한다면 어떻게 될까? 그들은 곧 갈 길을 잃고 방황할 것이다. 유원지에서의 경험을 간과해서가 아니라 '총방문자 수'와 같은 단순한 숫자는 할인, 판촉 활동, 기타 이벤트 등에 의해 너무나 쉽게 영향을 받기 때문이다. 유원지 방문자 수의 증가는 대단하지만 다른 문제들을 제대로 보지 못할 수 있다. 중요한 것은 행복한 고객들이다.

그루폰의 경우 서비스는 표면적으로 인상적인 통계치를 보여 주었지만 실제로는 고객들이 그들의 제품에 점점 더 피곤함을 느끼고 있었다. 만약 그루폰이 고객의 경험을 보다 총체적으로 체크했다면 그들이 이룬 모든 성장이 상당히 높은 비용에서 나왔다는 것을 발견했을 것이라고 믿는다. 그들은 핵심 이용자들을 소외시켰고, 그에 따라 새로운 이용자들이 유입되고 있음에도 불구하고 그 핵심 이용자들은 서비스를 포기하고 다른 곳으로 옮겨갔다. 즉, 그루폰의 가입을 '해지 churn'했다.

한편, 에어비앤비는 하나의 값비싼 프로그램에 많은 투자를 하다 보니 처음에는 그로스 해커들이 불안해했다. 그러다 가 2011년에 웹 사이트의 심미적인 매력을 높이고 보다 고급 고객들을 끌어들이기 위해서, 매물[92]을 등록할 때 전문적인 사진을 무료로 제공하는 프로그램을 도입했다. 만약 에어비 앤비에 당신의 집을 등록하면 전문 사진작가를 보내서 정말 멋진 집으로 보이도록 근사한 사진을 찍어주었던 것이다. 왜 그랬을까? 에어비앤비는 다음과 같이 대답했다. "적절하게 조명을 받아 선명하고 잘 정돈된 사진은 공간의 느낌을 정확하게 전달하지만 집 소개를 작성하여 올리는 데에 있어서 가장 어려운 부분입니다. 그래서 우리는 그것을 쉽게 만든 것입니다."[93]

이 접근 방법이 일반적이지 않았음에도 불구하고, 이것이 어떻게 수많은 그로스 해킹 목표들을 점검했는지 확인할 수 있다. 전환률을 높였고, 매물의 단가를 높였으며, 이용자들을 이 커뮤니티에 더 빠져들게 만들었다. 위험 요소가 있거나 부정적인 매물을 숨았으며, 제품을 어떻게 더 좋게 보이게 할 수 있는 지에 대해 이용자들을 학습시켰고, 심지어 매물을 찬양하도록 만들기도 했다. 또한 긍정적인 공공의 선전 효과도 다수 만들었다. 현재는 세계 거의 모든 대륙에서 수만 개의 에어비앤비 매물이 올라오고 있으며, 이들 모두 프리랜서 사진작가 팀에 의해 검증되고 향상되고 있다.

당시에는 마케팅 의사결정처럼 보이지 않았을지도 모르겠다. 이 아이디어를 제안한 사람은 어쩌면 웹 사이트를 보다 낮게 보이게 하는 방법을 생각했을 뿐인지도 모른다(또는 그들이 언급했듯이 어려운 절차를 보다 쉽게 만들고자 했던 것인지도). 물론, 비용이 수반되는 작업이었지만 옥외 광고 게시판이 만들 수 있었던 어떤 결과보다도 나은 거래였음은 분명하다. 게다가 이것이 만든 편익은 끊임없이 계속 발생한다. 이러한 종류의 생각이 바로 최상의 성장이다. 당신이 어떤 비즈니스를 하든 당신이 하는 일에 이런 방식을 적용해 볼 수 있고 그것을 통해 성장할 수 있다.

항상 성능 개선하기

우리는 모두 사업을 키우기 위해 노력한다. 그로스 해커가 마스터한 것은 새로운 고객을 일일이 쫓아다니지 않아도 사업을 성장시키고 확장시키는 능력이다. 이런 일은 갈수록 훨씬 더 쉬워지고 비용도 줄어들지 않을까? 새로운 고객을 찾으려고 끊임없이 기를 쓰는 대신 내부적으로 최적화를 하는 것은 어떨까? 이 두 가지 활동의 목적은 사실 똑같다. 보다 이익이 되는 고객을 더 많이 확보하는 것이다.

아론 긴이 내게 말하길, 심지어 최고의 그로스 해커라고 해도 '안 팔릴 제품을 성장시키는 것'은 불가능하다고 했다.[94]

제품 시장 궁합을 확보했다고 해서 당신의 아이디어에 전혀 결함이 없거나 조정하고 개선할 여지가 없는 것은 아니다.

메일박스의 개발 리더를 맡고 있는 션 뷰솔레일 Sean Beausoleil 은 리드라이트 ReadWrite 와의 인터뷰에서 냉랭하게 말했다. "현재 어떤 상태에 있든지 더 나아질 수 있다."[95] 그로스 해커는 이것을 잘 알고 있으며, 이는 그들이 끊임없이 새로운 반복 작업을 시도하는 이유이기도 하다.

페이스북과 큐오라에서 그로스 해킹 경험이 있는 앤디 존스 Andy Johns 가 트위터에서 만든 간단한 그로스 해킹 사례를 하나 더 보자.[96] 그의 팀은 트위터가 고객들에게 이메일을 보낼 때 사용하는 구형 시스템의 성능이 매우 나빠 종종 전체 고객에게 메일을 한 번 보낼 때마다 3일 정도를 허비하는 것을 알게 되었다. 이 때문에 트위터는 고객들에게 보통 한 달에 한 번 정도만 메일을 보내야 했다. 그로스 해커 팀은 개발자들을 투입해서 이 문제를 해결했고 이제 트위터는 매우 효과적이면서 다양한 종류의 자동화된 알림들을 제한 없이 보냄으로써 이용자의 서비스에 대한 몰입도를 높이고 추천을 활성화시켰다. 내부의 시스템과 프로세스의 개선까지도 마케팅으로서의 의미를 지닐 수 있다.

어쩌면 당신의 웹 사이트 첫 페이지는 의도한 대로 이용자들을 끌어들이지 못하고 있을 지도 모른다. 충분한 이메일 주소를 확보하지 못할 수도 있고, 쇼핑몰에서 장바구니까지 거의 다 오더라도 마지막 순간에 그만둘 수도 있다. 소셜미디어를 담당하는 팀이 콘텐츠를 포스팅하는 데에 그리고 매장의 전시대에 신규 상품을 전시하는 데에 시간이 너무 오래 걸릴지도 모른다. 모든 것은 개선될 수 있다. 제품은 최소한 어느 한 가지 면에서는 문제가 있다는 것이 우리의 현실이다. 그로스 해커는 무엇이 문제인지 알아내고, 최대한 빨리 그 문제를 해결할 대책을 실행하기 위해 가능한 모든 정보를 활용한다.

이 개념은 논란의 여지가 없어 보이지만 여지가 있다. 마이스페이스가 출시되었을 때 대단했다는 것을 우리는 모두 안다. 하지만 그 서비스는 개선되지 않았다. 로그인하려고 했을 뿐인데도 여러 페이지를 클릭해야만 해서 악명이 높았는데, 그것은 마이스페이스가 더 많은 광고를 노출하기 위해서 탐욕적으로 도입한 짜증나는 전략이었다. 그 결과 이용자들이 이탈하기 시작했다. 페이스북은 끊임없이 완벽성과 이용자 경험의 개선을 추구하면서 마이스페이스의 고객을 빼앗아갔다. 마이스페이스가 프렌드스터 Friendster로부터 이용자를 빼앗아간 것과 똑같이 말이다. 마이스페이스처럼 되어서는 안 된다!

그로스 해커의 역할은 성공을 위해 유입된 트래픽을 인정

사정 없이 최대한 최적화하는 것이다. 에릭 리스는 《린 스타트업》에서 "고객 유지를 개선하는 데에 집중할 필요가 있다"고 이야기했다. 성장이 정체된 회사라면 판매와 마케팅에 더 많이 투자하라는 전통적인 지혜를 잊어버려라. 대신 이용자들이 서비스를 계속 사용하지 않고는 못 견딜 정도로(그래서 그들의 친구들도 따라서 이용할 정도로) 행복하도록 서비스 자체를 정제하고 개선하는 데에 투자해야만 한다.

이것은 마케터들에게는 큰 안도로 다가온다. 나에게도 잘 통했다는 것을 안다. 우리가 힘든 일들을 모두 끌어안을 필요는 없다는 뜻이다. 그 대신 서로 의지하며 일할 수 있고 잠재 수요 발굴이 확실하게 판매로 이어질 수 있도록 하는 회사의 다른 일들을 해 볼 수 있다.

독베이케이 DogVacay [97]라는 새로운 서비스에 가입할 때 개인적으로 느낀 것인데 놀랄만큼 높은 수준의 기술이 아니더라도 이런 일들을 해 볼 수 있다. 독베이케이는 애견을 위한 에어비앤비로 반려동물의 주인이 자신의 애견을 돌봐줄 수 있는 이웃이나 근처에 사는 사람을 쉽게 찾을 수 있도록 도와주는 서비스이다. 여행을 갈 때 애완견을 동물 보관소에 맡기지 않아도 되는 것이다.

여자친구와 나는 어떤 블로그에서 독베이케이에 대한 글을 읽고 흥분해서 다음 날 회원가입을 하고서는 새까맣게 잊어버리고 있었다. 3일쯤 지나고 우리는 전혀 예상하지 못한 전화를 받았다. 독베이케이 팀에서 온 전화였는데 우리가 어떤 상황인지 궁금하고 자신들이 도울 수 있는 일이 있는지 체크하기 위한 전화였다. 전화를 준 사람은 우리가 다시 서비스에 들어가게 하였고, 프로필 입력을 완료하도록 도움을 주었으며 처음으로 강아지를 맡길 수 있는 사람을 찾아 진행할 수 있도록 해 주었다. 확실히 이런 것은 확장 가능한 전략이 아니다. 만약 이 서비스에 백만 명의 이용자가 몰린다면 한 명씩 일일이 전화할 수 없기 때문이다. 하지만 내 경우는, 한 번 살펴보고 끝난 이용자를 활성화된 이용자로 바꾸는 데에 성공시킨 전략이었다. 그리고 이런 작업은 다른 수단들을 통해서 신규 이용자를 한 명 확보하는 것보다는 쉬운 일이다(이 고객 서비스 경험에 대해 모든 사람들에게 떠들었음은 물론이다).

똑같은 이유로 기본 이용법을 쭉 둘러보고 나면 그 대가로 이용자에게 250메가바이트의 추가 용량을 제공해주는 드롭박스의 아이디어가 정말 마음에 든다. 이 아이디어는 서비스를 어떻게 이용하는지 이용자에게 알려줄 뿐만 아니라 잠재적인 장애물을 뛰어넘을 수 있는 동기를 부여해 준다. 서비스에 대해 단지 90글자의 피드백을 제공하면 125메가바이트의 용량을 보너스로 제공하는 전략도 마찬가지 맥락이다.

이런 것들을 통해 이용자들은 관여하고 참여한다. 나의 경우 625메가바이트의 무료 용량을 얻었는데 덕분에 행복감을 느꼈고 친구들에게 더 많이 추천하였을 뿐 아니라 결국 이 서비스에 '안착'하였다. 이는 불과 1년 전만 해도 마케팅스럽긴 하지만 마케팅이라고 생각해 본적도 없는 일이었다.

전통적인 마케터의 경험상 수백만의 광고 노출을 만드는 과정에서 한 번도 일차적으로 전환된 이용자에 대해 추가로 무언가를 진행한 적이 없었다. 전혀 전환되지 않은 이용자들에 대해 잠깐 생각해 보는 정도가 고작이었다. 마케팅 산업에 속한 여타 많은 사람들과 마찬가지로 나 역시 이미 만든 잠재 고객으로부터 최대한 많은 것들을 끄집어내기보다는 더 많은 잠재 고객을 만드는 데에 너무 집착했다. 이런 접근 방법에서는 필연적으로 날려버리는 시간과 노력을 생각하면 몸서리가 처진다.

유지와 최적화 확장하기

물론 1차적으로 유입된 고객을 유지하고 그들의 경험을 개선시키기 위해 잠재 고객에게 일일이 전화할 필요는 없다.

사례를 하나 더 보자. 2011년인가 2012년인가에 나는 로스앤젤레스 Los Angeles에서 우버의 초기 이용자로 초대받았다. 회원가입을 하긴 했지만 어떤 이유에선가 실제로 어딘가에서 우버를 이용한 적은 없었다. 전문 용어로 표현하자면 나는 서비스에서 '튕겨나간 bounced' 것이었다. 즉, 그 서비스를 알긴 하지만 사용자는 아니었던 것이다.

그로부터 1년 뒤로 기억을 거슬러 올라가면 어떤 컨퍼런스에 참가하기 위해 다른 나라에 갔는데 행사 담당자가 모든 연사들에게 50달러짜리 우버 기프트 카드를 주었다(다른 말로 표현하면 구전 효과 기능). 택시를 찾을 수가 없어서 결국 십여 개월 만에 처음으로 우버 앱에 로그인했고, 검은색 승용차가 나를 맞이했다. 나중에 안 일이지만 우버는 그 사이에 엄청나게 서비스가 향상되었다. 우버를 이용해 보니 어색하지 않고 자연스러우면서도 즐거운 느낌이었다. 차에서 내리고 나서 방금 운전한 기사를 평가하게 함으로써 우버는 나를 계속 서비스에 연관되도록 했고 이메일로 쿠폰을 보내주었다.

며칠 뒤 미국에 돌아와서 브루클린에서 헤매고 있을 때 가장 먼저 떠오른 생각은 "우버를 부르자"였다. 나는 드디어 잃어버렸던 이용자에서 활성화된 이용자로 공식적으로 전환된 것이었다.

이것이 바로 유지 retention 와 최적화 optimization 이다. 바쁘고 별 관심 없는 사람을 온라인 배너 광고에 노출시켜서 전환을 시도하는 것보다, 훨씬 더 전환하기 쉬운 사람을 대상으로 마케팅하는 것이다.

우버가 새로운 고객을 얻는 것에는 신경을 덜 쓰고 이미 가입한 고객들로부터 매출을 극대화하는 것에 더 많은 고민을 했다는 점이 역시 중요하다. 규모를 키우는 성장 그 자체도 대단하지만 결국에는 사업을 해야 한다는 점을 명심해라. 우리는 숫자를 돈으로 바꾸고 싶어 한다.

지금까지 이야기한 것들 중 이해가 안 되는 것은 하나도 없다. 그리고 이런 일들은 이제 명확하게 당신이 해야 할 일의 일부이다. 모든 마케터들은 이메일 목록과 고객 데이터베이스를 갖고 있다. 고객의 필요에 의해서가 아니라 마케터의 필요에 의해서 수년간 수많은 사람들을 대상으로 마케팅을 펼쳤지만 그들을 구매 이용자로 전환시키지도 않았고 최대한 잘 이용하지도 않았다. 새로운 마케팅 주도권을 발굴하는 것이 보다 매력적일 수 있다. 각종 매체에서 보도되고 언급되는 것이 더 재미있을 지도 모른다. 하지만 사업적으로는 우리가 이미 갖고 있는 것에 대해 유지하고 최적화 하는 것이 더 낫다.

베인 앤 컴퍼니Bain & Company에 따르면 고객 유지율을 5% 상승시켰을 때 회사 수익성은 30% 증가할 수 있다고 한다. 마켓 메트릭스Market Metrics는 기존 구매 고객에게 상품을 판매할 수 있는 확률은 60~70%이지만, 신규 고객에게는 5~20%에 그친다고 발표했다. [98] 그로스 해커 TVGrowth Hacker TV의 브론슨 테일러Bronson Taylor는 한 마디로 표현했다. "유지는 획득을 이긴

다(Retention trumps acquisition)." [99]

그로스 해킹은 투자 대비 수익률(ROI)을 극대화하는 것이다. 우리의 에너지와 노력을 가장 효과적으로 쓸 수 있는 곳에 퍼붓는 것이다. 잠재 고객을 더 찾겠다고 하다가 회사에서 짤리는 것보다 현재의 잠재 고객을 활성화 고객으로 만드는 것이 낫다. 즉, 현재의 고객으로부터 더 많은 것을 끄집어내는 방향으로 새로운 기능을 구현하여 제공하는 것이 낫다. 별로 관심 없어 하는 새로운 사람을 쫓아다니기보다는 페이스북이나 아마존이 하는 것처럼 고객에게 더 많은 개인적인 정보를 제공함으로써 좀 더 서비스에 관심을 갖고 행동하게 하는 데에 시간을 써야 한다. 즉, 고객에게 제품을 어떻게 쓰는 것이 좋은지 가르치는 것이 낫다.

이 논리가 익숙하게 들려야 한다. 그로스 해킹 이전으로 거슬러 올라가서, 인간 경험의 영원불멸한 진리이기 때문이다. 기억해라. 손 안의 한 마리 새가 덤불 안의 두 마리 새보다 낫다.

나의 전환 :
배운 것을 실행으로 옮기기

마케팅 예산이나 큰 규모의 팬이 손에 없을 수도 있다.
(하지만) 우리는 공유를 위한 책을 쌓을 수 있다.
저울로 견본을 시험해 볼 수 있다. 독자들에게 지분을 분배해 줄 수 있다.
매출 거래를 초월한 예술가와 팬 사이의 교환을 시도해 볼 수 있다.
창조적인 수익성을 강화하는 방향으로 이 모든 것을 해 볼 수 있다.

: 매트 매이슨(MATT MASON, 최고 콘텐츠 담당자), 비토렌트(BITTORENT) :

그로스 해킹에 대한 나의 흥미는 아침 기상 알람에서 시작되었다. 아침에 읽은 앤드류 챈의 기사는 내가 안주하고 있던 거품을 터뜨려버렸다. 마케팅 부사장으로서의 내 일자리는 위험에 처하게 되었다. 업계는 변하고 있으며 생각이 있는 기업가들이 외부에서 내 영역을 침범하고 있으며, 이 상황을 꼼꼼하게 살펴보아야만 한다는 것이 명확해졌다.

2012년 말에 그런 기상을 맞이했다는 것은 매우 기쁜 일이었다. 왜냐하면 다른 여러 스타트업들과는 다른 상황에 내가 처해 있다는 것을 발견했기 때문이다. 함께 작업할 수 있어서 영광이었던 작가 중 베스트셀러 작가인 팀 페리스Tim Ferriss는 대단히 효과적인 도서 마케팅 채널들 중 상당수를 갑자기 잃게 되었다. 출판을 맡기로 한 아마존을 포함해서 우리 셋은 깜짝 놀랐다. 반스 앤드 노블 Barnes & Noble 100에서부터 동네 구석의 책방까지 모든 소매 판매 대리점들이 팀의 세 번째 책인 《4시간 요리사 The 4-Hour Chef》 및 아마존이 출판하는 다른 책들의 판매를 거절했기 때문이다. 우리는 해결 불가능해 보이는 과제에 직면한 셈이었다. 전통적인 모든 방법이 차단된 상태에서 책을 판촉해야 하는 상황이라니(오, 게다가 우리에게는 이 모든 것을 준비하는 데 60일도 채 남지 않은 상황이었다)!

그 책을 베스트셀러로 만드는 것이 내 일이었다. 이것은 여러 의미에서 그동안 읽고 이해하는 정도에서 그쳤던 그로스 해킹에 대한 많은 것들을 직접 실행해 볼 수 있는 완벽한 기회였다.

우리는 창조적이어야만 했다. 그리고 분석적이어야만 했다. 또한 독창적으로 생각해야만 했다. 비교적 제한된 자원들을 극도로 조심스럽게 활용해야만 했다. 그래서 출판하는 책을 스타트업으로 가정하고 그에 따라 그로스 해킹을 실행했다.

이 작업은 과거의 모델과는 완전히 다른 것이었다. 과거에는 《뉴욕타임스》에서 서평 기사를 싣고, 반스 앤드 노블이나 북스어밀리언 Books-A-million [101]의 전면 가판대를 돈을 주고 산 다음 성공하기를 기다리는 것이었다. 그 성공이 결코 찾아오지 않더라도.

하지만 새로운 사고방식 덕분에 나는 침착할 수 있었다. 그리고 겉으로 보기에 꽤 부정적인 상황에서부터 지금까지 이룬 결과 중 가장 성공적인 출간을 이룩할 수 있었다. 이 책은 출간되자마자 《뉴욕타임스》에서부터 《USA 투데이》에 이르기까지 거의 모든 베스트셀러 목록에 올라갔고 《월스트리트저널》의 가장 좋은 자리에 게시되었다. 전통적인 오프라인 소매 시장에 일절 내놓지 않았는데도, 《4시간 요리사》는 문자 그대로 출간 첫 주에 6만부 이상이 팔렸다. 엄청난 성공이었다.

관련된 이야기를 읽고 인터뷰를 하면서 나는 그로스 해킹이 정말 강력할 수 있다고 믿었다. 그런데 그것을 직접 실행해 보고 그 결과를 보는 것은 완전히 차원이 다른 이야기였다. 이제 우리가 했던 일들의 일부를 소개하겠다.

제품 시장 궁합(PMF)

저자인 팀은 아무에게도 끌리지 않는 크고 일반적인 책을 만들기보다 제품 시장 궁합을 활용하여 한 차원 높은 작업을 진행했다. 책의 각 장은 그 장 차제만으로도 충분한 장점을 갖도록 구성했고, 정형화된 커뮤니티와 독자 그룹들에 딱 맞게 집필했다. 심지어 장 안에서도 독자들에게 즉각적으로 가치를 제공할 수 있도록 아주 작은 단위의 내용들을 제공했다. 책을 집어 들고 무작위로 어느 페이지를 펼쳐도 그 페이지에서 무언가 값진 것을 독자들이 얻을 수 있도록 한 것이다.

심지어 팀의 편집 작업은 데이터를 기반으로 이루어졌다. 최종 원고는 약 600쪽 분량이었지만 초기 원고는 거의 800쪽에 가까웠다. 본능적인 육감이 아니라 철저한 방법론을 토대로 잘라내야 할 내용들을 추려냈다. 팀은 서베이몽키와 우푸 같은 도구를 활용해서 가장 도움이 되는 부분이 어떤 것인지 친구들과 동료들에게 질문했다. 책의 표지와 부제도 계속해서 테스트했다. 여러 테스트 독자들이 초기 원고를 읽고 동의한 것을 토대로 잘라내거나 추가해야 할 부분들을 결정했다.

그 결과 잠재적인 독자들에게 완벽하게 딱 맞는, 독자들이 알아서 퍼뜨리고 반응할 책이 탄생했다. 제품인 책 자체가 그렇게 쓰여졌기 때문에 가능한 일이었다. 제품과 시장이 조화롭게 연결(sync)된 것이다.

성장과 관심

TV와 라디오에 노출하는 대신 블로거들을 활용했다. 블로그는 추적 가능하고 빠른 결과를 만들기 때문이다. 우리에게 필요한 노출 대상의 유형을 알고 있었기 때문에 다음과 같은 기준점을 세웠다. 월별 순방문자 수(Unique Visitor; UV로 월 방문한 사람들 중 중복 방문을 제외한 방문자 수 – 역자주)가 최소한 10만 명이 넘는 블로그가 목표였다. 컴피트Compete [102], 퀸트캐스트Quantcast [103], 알렉사 Alexa [104] 등의 도구를 사용하여 우리 기준에 맞는 웹 사이트를 찾고, 그들의 방문자 수와 노출 수를 검증하며 실제로 연결하는 일들이 모두 수월하게 진행되었다. 그리고 앞에서 설명했듯이 제품 자체가 특정 집단에 실질적으로 관련이 깊고 유용하게 설계되었기 때문에 블로거들은 이것을 기꺼이 포스팅하였다. 그도 그럴 것이 그것에 대한 글은 결국 더 많은 페이지뷰와 그에 따른 광고 수익을 낼 수 있기 때문이다(페이지뷰는 특정 웹 페이지에 사람들이 방문한 횟수로 한 사람이 한 페이지에 여러 번 방문했으면 누적 집계된다는 점에서 방문자 수 또는 순방문자 수와 차이가 있다. 광고는 페이지에 노출되기 때문에 페이지뷰가 높으면 확률적으로 보다 많은 광고 수익을 낼 수 있다 – 역자주).

결과적으로 우리가 의도한 대로 라이프해커 Lifehacker, 아트 오브 맨리니스 The Art of manliness, 애스크멘 AskMen, 에픽밀타임 Epic

Meal Time 등 유력 온라인 매체에서 책의 출간일에 맞추어 대대적으로 기사를 내보냈다. 이것은 실제로 큰 매출을 만들었는데 제휴 링크를 통해 추적하여 확인할 수 있었다.

블로그는 한 부분일 뿐이었다. 우리는 여러 스타트업, 앱, 잠재 독자를 청중으로 보유하고 있는 어느 누구와도 파트너십을 맺고 일을 진행했다.

물론 이 책을 홍보하는 데 있어서 크게 도움이 된 것은 팀이 구축해 놓은 플랫폼이었다. 잠재 고객들을 끌어들이고 확고하게 구축하는 데에 미리 시간 투자를 해 놓았다면 새로운 제품을 출시해서 고객들을 확보할 때 얼마나 일이 쉬워질지 생각해 보라. 팀은 지난 5년간 매주 블로그에 글을 쓰면서 그의 제품인 책을 살법한 독자 층을 탄탄하게 확보했는데 이것은 우리의 큰 자산이 되었다.

그건 불공평한 거 아니냐고 말하기 전에 스스로에게 질문해 보라. 당신 자신의 것을 만드는 데 있어서 방해가 되는 것이 무엇인가? 만약 수개월 혹은 수년 내에 당신의 사업을 시작할 계획이라면 당신 자신의 플랫폼, 즉 당신 자신의 네트워크를 당장 오늘부터 만들어야 한다. 팀이 했던 것처럼 당신이 출시하는 제품을 쉽게 성공으로 이끌어 줄 것이다.

구전성

구전성은 책의 출간에서 가장 자랑스러워 하는 부분이다. 혁신에 집중하는 과정에서 우리는 마침내 친구 매트 메이슨 Matt Mason 이 최근에 입사한 비트토렌트 BitTorrent [105]를 활용해 보자는 결론에 도달했다. 우리는 상당히 대담한 방법을 제안했다. 바로 비트토렌트의 1억 7천만 이용자들에게 책의 일부분을 엮어서 무료 콘텐츠로 제공하는 것이었다. 우리는 250쪽 분량의 책 본문과 인터뷰, 부록, 동영상, 사진들을 모두 합쳐 총 700메가바이트가 넘는 근사한 패키지를 만들었고, 누구나 무료로 다운로드할 수 있도록 했다. 한마디로 "사기 전에 한 번 체험해 봐라" 이것이었다. 이 체험판에 실구매로 유도하는 장치가 있었냐고? 아마존에서 40% 할인된 가격에 책을 구매할 수 있는 링크를 걸어 두었다.

이 체험판 전략의 결과에 심지어 우리도 경악을 금치 못했다.

- 2,000,000개 다운로드
- 1,261,152번 페이지 방문
- 880,009번 아마존 구매 페이지 노출
- 327,555번 팀 페리스의 웹 사이트 노출
- 293,936번 책 소개 영상 재생

실제 판매 데이터를 공개할 수는 없지만 위 결과들은 결국 수천 권의 책 판매로 이어졌다. 이 판촉 활동이 성공한 이유 중 하나는 읽을 만한 책을 발견하는 과정에서의 심각한 문제를 해결해 주었다는 점이다. 기껏 잘 홍보해 놓고서는 그렇게 끌어들인 잠재 고객들을 20달러라는 책 가격이 만들어 낸 단단한 장벽 때문에 놓치는 책들이 많다. 책에서 구전 효과를 잘 이용하는 것이 원래 어렵지만 이 콜라보레이션은 과거의 통념을 바꾸었다. 사람들은 책을 미리 볼 수 있었고 친구들에게 무료 체험판을 다운로드할 수 있는 링크를 퍼뜨릴 수 있었다.

비트토렌트의 판촉 활동은 의심할 여지 없이 우리 책의 출시에서 가장 효과적인 부분이었다.

결국 팀은 더 많은 구전 효과를 이끌어내기 위해 이 기법을 다시 활용했다. 《4시간 요리사》의 오디오북을 다른 여러 보너스들과 함께 무료로 다운로드할 수 있도록 비트토렌트에 정말 올려버린 것이다.

오디오북 다운로드 기법은 무료이면서도 공유가 쉬웠기 때문에 2,500만 번 이상 노출이 되었다. 이 중 300만 명이 책의 체험판을 다운로드했고, 117,000명이 이메일 주소를 제공해서 팀이 이들을 대상으로 추후 마케팅 활동을 할 수 있었다. 종합해 보면, 팀의 책은 하드커버 책과 디지털 이북을 포함해서 전체적으로 5% 정도 매출이 상승했고, 아마존에서의

등급도 394점으로 대폭 상승했다. [106]

최적화와 유지

인쇄하는 책은 '최적화'하기가 어려운 대상이다. 집필 중에는 어느 정도 여지가 있지만 일단 집필이 끝나고 인쇄가 시작되면 수정할 수 없다. 앱이나 웹 사이트에서는 고려할 필요가 없는 '끝나버린' 상태가 된다. 하지만 그렇다 해도 그로스 해킹의 최적화와 유지 접근 방법은 이런 종류의 제품을 출시하는 데에도 상당한 효과를 발휘한다.

제품 출시를 할 때 내가 경험한 대부분의 접근 방법은 간단했다. 최대한 홍보를 많이 해서 있는 대로 관심을 끈 다음, 이 모든 것이 성공으로 이어지길 희망하거나 가정하는 것이다. 하지만 팀의 데이터 기반 접근법은 효과가 있는 것과 없는 것을 실제로 구분해서 보게 해 주었다. 우리는 허영 지표를 쫓아다니지 않았다. 만약 비트토렌트 홍보가 매출로 이어지지 않았다면 여러분에게 소개하지도 않았을 것이다.

사실 이 콜라보레이션의 성공을 바탕으로 음악가인 알렉스 데이 Alex Day의 출간 건에 대해서도 다시 비트토렌트와 협업했다. 이 경우에도 다음과 같이 역시 놀라운 결과가 나왔다. 2,765,023개의 다운로드, 276,409번의 페이지뷰, 166,638번의 아이튠즈 노출, 52,151번의 알렉스 데이 웹 사이트 노출,

알렉스의 메일링 리스트에 5,000개의 새로운 이메일 주소가 추가되었다.

분석에 힘썼기 때문에 우리는 통하는 것과 통하지 않는 것 역시 알게 되었다. 어떤 블로그 글이 효과가 있고 어떤 것이 효과가 없으며, 어떤 글이 사람들을 많이 불러 모으고, 어떤 글이 아마존 순위를 뛰어오르게 만드는 지 구분할 수 있었다. 물론 이 정보는 다른 고객들에게 적용할 출간 마케팅에도 똑같이 중요한 역할을 한다.

마케팅의 미래

폭넓게 적용할 수 있는 길을 찾는다면, 그 안에서 모든 것을 볼 수 있을 것이다.　　　　　　　　　　－ 미야모토 무사시

출판업과 같이 전통적인 것에 대해서도 그로스 해커의 접근법을 통해 활력을 불어넣을 수 있다면 안 될 것이 무엇이겠는가? 책을 스타트업과 같이 대한다면 다른 일은 누워서 떡 먹기나 마찬가지다.

마케팅을 하려는 대상이 자동차, 영화, 작은 레스토랑 무엇이든 간에 이 접근법을 실행에 옮기도록 해라. 더 이상 추측으로 끝날 뿐인 게임에 의존해서는 안 된다. 자신의 제품을 대변하기 위해 회사 외부의 사람에게 꼭 돈을 내야 할 필요는

없다. 매체와의 친밀한 관계를 돈을 내고 살 필요도 없다.

그 대신 반복적인 개선과 성공 사례에 대한 추적과 사람들을 자신의 판매 깔때기로 끌어올 수 있는 가능한 모든 것을 실행에 옮김으로써 사업을 성장시킬 수 있다. 그리고 나서 고객과 그들의 필요에 맞추어서 제품을 최적화하는 것은 결국 자신에게 달려 있다는 것을 이해하게 된다. 우리는 쉴 새 없이 변할 수 있다. 추가 광고를 집행하는 대신 제품을 개선하는 데에 예산을 쓸 수 있다.

내가 그랬던 것처럼 마케팅의 정의 확장을 향한 갈망에서 찾을 수 있을 것이다. 실제로 사업을 성장시키는 것이라면, 어떤 것이라도 마케팅으로 생각해 볼 수 있다.

데이비드 오길비 David Ogilvy는 광고 업계에서 가장 명석하고 유명한 사람이 되기 전에 오븐을 방문 판매하는 일을 했다. 이 경험 덕분에 그는 광고라는 것이 방문 판매와 비교했을 때 좀 더 확장 가능한 형태를 시도할 수 있다는 점 외에는 수요를 창출한다는 점에서 기본적으로 같다는 것을 절대 잊지 않았다.

하지만 세계를 돌아다니며 물건을 판매하거나 카탈로그를 보고 우편 주문을 하던 시대에서 수십 년이 지난 오늘날, 마케팅에 종사하는 수많은 사람들은 가장 근본이 되는 이 진리를 제대로 보지 못하게 되었다. 우리 앞에 무엇이 있는지 볼 수 없기 때문에 겉으로 드러나는 것의 이면에 있는 기능을 잊고 새로운 기회들을 놓치게 되었다. 마케팅은 수요를 창출하는 것이 핵심이다. 광고는 인식을 유도한 뒤 여러 단계를 거쳐 판매를 증진시키고, 홍보는 관심을 유도한 뒤 여러 단계를 거쳐 판매를 증진시키며, 소셜미디어는 소통을 유도한 뒤 여러 단계를 거쳐 역시 판매를 증진시킨다. 많은 사람들이 간과하는데, 마케팅은 그 자체가 목표가 아니다. 마케팅은 그저 고객을 확보하는 것이다. 삼단논법에 따라 고객을 확보하는 모든 활동은 마케팅인 것이다.

이것이 바로 그로스 해커가 우리에게 가르쳐 준 것이다.

핫메일, 에어비앤비, 그루폰, 스포티파이 등 이 책에서 언급한 스타트업들을 되새겨 보면 놀랄만한 사실을 발견할 수 있다. 예전에는 아무도 '마케팅'이라고 표현하지 않았던 방법들이 사업 성공 이면에서 마케팅의 밑거름이 되었다. 핫메일은 이메일 마지막에 홍보 서명을 집어 넣어 이용자가 보내는 모든 메일 하나하나를 새로운 고객에게 하는 홍보 연설로 만들어버렸다. 에어비앤비는 크레이그리스트에 침투해 들어가서 이를 에이버앤비에 숙소를 홍보하는 이용자들에게 새로운 판매 플랫폼으로서 쓸 수 있게 해 주었다. 그루폰과 리빙소셜은 결제를 하는 고객들 중 친구에게 추천해 주는 고객에게 보상을 제공했다. 스포티파이는 페이스북과 통합힘으로써 무료로 '광고'를 진행했다.

이들 각각의 전략에 앞서 가장 중요한 것은 이들이 공통적으로 갖고 있는 사고방식이다. 그들은 모두 이 책에서 정리하여 소개한 절차를 따르고 있다. 마케팅을 제품 개발과 융합시켰고, 초기 이용자들을 성장의 토대로 삼았으며, 구전 요소를 제품에 추가했고, 이 사이클을 끊임없이 반복했다. 또한 이 모든 것들을 데이터를 통해 가늠하는 동시에 최적화를 목표에 두고 실행했다.

성장을 향한 그들의 혁신적인 접근 방법은 돈과 경험이 없기 때문에 전통적인 마케팅을 꺼릴 수밖에 없는 스타트업이라서 가능했다. 이 회사들은 '사치에 가까울 정도로 풍부한' 광고 예산이나 적절한 훈련들을 받아볼 기회가 없었기 때문에 마케팅의 정의를 막대한 이익을 만드는 방향으로 확장할 수 있을 만큼 창의적일 수 있었다. 반면, 1년(혹은 1개월)간 수백만 달러를 쓸 수 있는 회사들은 점점 더 나빠지는 투자대비수익률 결과와 더불어 느릿느릿 나아갈 뿐이다.

마케터에 대한 진실 아니 우리 모두에 대한 진실을 말해보자. 우리는 항상 틀렸었다. 우리는 스스로가 좋은 직관에 의한 결정을 내렸다고 생각하지만 사실은 아니다. 옛날 방법은 잘못된 결과를 심지어 엄청나게 비싼 비용을 지불하면서 만든다. 수개월을 투자하여 기획한 캠페인을 진행한 뒤에도 제품이 제대로 반응하지 않는다는 것을 알게 되었을 때 대체 누가 이것을 감당할 수 있겠는가? 그로스 해킹은 우리의 본능을 더 낫게 만드는 것이 아니라 틀렸을 때 지불해야 하는 비용을 근본적으로 줄여 주며, 새로운 것들을 시도하고 실험해 볼 수 있는 자유를 제공한다.

우리는 비싸면서도 관대한 선처를 바라는 실수에 대해 더 이상 변명거리를 찾지 않아도 된다. 그 대안이 너무도 쉬우면서도 굉장히 믿을만하기 때문이다.

이 책을 위해 많은 통찰을 제공해 준 십 여명의 그로스 해커들을 인터뷰하고, 관련된 글들을 읽으면서 이들 각각은 다른 그로스 해커들과 완전히 다른 전술과 방법들을 사용하고 있다는 것을 알 수 있었다. 몇몇은 구전 기능에 집중했고, 다른 이들은 제품 자체에 완전히 집중해서 최적화를 했다. 어떤 이들은 이메일 마케팅의 전문가이고, 반면 앞에서와 비슷하게 많은 사람들에게 도달하기 위한 방법으로 플랫폼과 API를 효과적으로 이용하는 사람들도 있다.

방법론적으로는 저마다 다를지라도 전략적인 목표는 같다. 효과적이고, 확장 가능하며, 데이터에 기반을 둔 방법으로 사람들에게 다가가는 것이다. 확실히 창의적인 대행사에게 의뢰하거나 마을 전체의 광고판을 도배하거나 유명인사로부터 추천사를 받는 것처럼 멋져 보이지는 않을 것이다. 하지만 중요한 것은 이런 것들이 더 이상 성공을 보장하지 않는다는 점이다. 게다가 이런 것을 하려면 50배에서 100배는 더 많은 비용이 든다.

사실 그로스 해킹은 도구가 아니라 사고방식이다. 만약 이 책에서 한 가지만 건지겠다고 한다면 사고방식을 명심하는 것이 좋다.

어떤 것이 마케팅이고 어떤 것이 마케팅이 아니라는 식의 오래된 고정관념에서 벗어나기만 하면 모든 것들이 저렴해지고, 쉬워지며, 확장하기가 훨씬 수월해진다. 게임의 법칙은 영원히 변한다.

그리고 폭발적으로 진화한다.

특별 보너스

만약 이 책에서 소개한 세계 최고의 그로스 해커들과의 인터뷰 녹취록 원문과 집필을 위해 모은 각종 연구 결과와 자료들을 보고 싶다면 기꺼이 제공하려고 한다.

다음 주소로 이메일 한 통만 보내면 된다.

growthhackermarketing@gmail.com

위 자료와 더불어 어떻게 하면 무료로 홍보와 기사를 낼 수 있는지 알려 주는 나의 첫 번째 책, 《나를 믿어라, 나는 거짓말쟁이다 Trust Me, I'm Lying》를 함께 보내 주겠다. 한 달 동안 무료로 그로스 해커 TV에 가입하여 이용할 수 있는 쿠폰(29달러 상당)을 추가 보너스로 제공할 것이다. 이 서비스에서는 페이스북, 허핑턴포스트, 엣시 Etsy 등 많은 것들을 이룬 사람들을 인터뷰한 수백 개의 동영상들을 볼 수 있다.

후기

운 좋게도 확장된 종이책 판을 통해서 내용을 업데이트할 수 있게 되었다. 이 기회를 그저 재탕하는 데에 써먹는 대신 당신이 방금 읽은 그로스 해킹에 대해 내가 배운 것들을 추가하는 것이 좋겠다는 생각이 들었다.

결국 모든 충고와 추천은 내가 직접 경험하고 검증하지 않았다면 가치가 없는 것이다. 이 책에서 다룬 방법들을 하나도 이용하지 않고 그로스 해킹을 소개하는 이 책을 홍보했다면 어떤 느낌이었을지 상상이 되는가? 팀 페리스의 출간 과정을 통해 여러 가지 교훈들을 배웠지만, 나에게 이 책은 시작부터 철저하게 조사하고 그 동안 익힌 과학들을 적용하는 기회였다.

1단계

처음부터 이 책을 출판하려고 했던 것이 아니었다. 사실 이 책은 최소 존속 제품, 다시 말해《패스트 컴퍼니》에 기고할 1천 단어 정도의 짧은 글에서 시작되었다. 그 글에 대한 반응이 펭귄 Penguin출판사(내 책의 출판사)의 관심을 끌었고, 책을 만들기 위해 14개월 정도 걸리는 전통적인 출판 교본을 따르는 대신 디지털 싱글 버전을 먼저 출판하는 것부터 시작했다.《Growth Hacker Marketing(이 책의 원서)》을 간결한 전자책 형태로 먼저 출판해 봄으로써 비용을 엄청나게 줄일 수 있었고, 시장을 테스트해 볼 수 있었으며, 보다 중요한 점은 시장의 경쟁자들을 압도할 수 있었다. 즉, 최소 존속 제품 테스트를 통과했기 때문에 많은 사람들이 현재 인쇄된 종이 책으로 읽고 있는 것이다.

그러고 나서야 새로운 내용을 추가하고 편집하는 과정을 거쳐 원래 버전의 전자책을 개선할 수 있었으며, 그 결과를 당신이 지금 읽고 있는 것이다. 수천 명의 최초 독자들의 피드백을 토대로, 이 제품을 이상적으로 한 단계 진화시킬 뿐 아니라 마케팅 하기에도 쉽게 만들 수 있었다. 고객이 있다는 것을 명확하게 알고 있기 때문에, 이제는 큰 규모의 출시를 할 수도 있다.

이것은 기본적이고 상식적인 것으로 보일 수도 있지만, 전통적인 출판은 설사 책을 한 권도 팔지 못했어도 계약 조건에 따라 6자리나 7자리 액수의 선금을 규칙대로 지급하는 사업이다. 앞서 설명한 방식대로 하는 것은 크게 진일보한 것이며, 모든 작가와 사업가들이 이로부터 배워야 할 만한 것이라고 생각한다.

교훈: 적은 비용으로 제품의 콘셉트를 검증하고, 피드백을 통해 개선한 다음에 출시해라.

2단계

우리가 이 책에 대해 진행한 최고의 그로스 해킹은 계약서 협상 중에 있었다. 책 가격을 얼마로 해야 할까?

지난 번 책은 하드커버 종이책이 26.95달러, 전자책은 12.99달러였다. 나 같은 신참 작가가 고객들을 확보하는 데에 적절한 수준이 아니라고 생각한다. 그래서 이 책의 디지털 싱글 버전은 2.99달러를 책정했다. 즉, 기본적으로 누구라도 한 번쯤 읽어볼 수 있다는 뜻이다. 가격을 대폭 낮추고 콘텐츠를 충분히 공급하여 이 책을 성공으로 이끌 수 있었다.

또한 다른 멋진 해킹 방법도 사용했다. 책 출시 전에 출판할 책에서 다룬 내용과 교훈을 응용한 십여 개의 글을 써서 영향력 있는 웹 사이트에 기고했다. 평상시 하던 것처럼 유료로 글을 기고하는 대신, 무료로 제공했다.

그 결과 마켓왓치 MarketWatch, 베타비트 Betabeat, 패스트 컴퍼니, 쏘트 카탈로그 Thought Catalog, 허핑턴포스트, 쇼피파이 Shopify, 해커 뉴스, 슬라이드셰어 Slideshare.com, 레딧, 미디엄 Medium 및 몇몇 사이트에서 유명한 글이 되었다. 이런 콘텐츠 마케팅 전략은 스타트업 판에서 꽤 일반적인 것이 되었다. 비용이 적게 들고 그럴듯한 글을 쓸 수 있기만 하면 누구나 할 수 있기 때문이다.

또한 이미 확보하고 있는 1만 명 정도의 이메일 목록 덕도 많이 봤는데, 이 목록은 지난 6년간 다른 작가들의 책을 정말 열심히 추천하면서 천천히 만들어 낸 결정체이다. 이 목록은 책이라면 거의 목을 매는 애독자와 당신이 상상해 볼 수 있는 선에서 상당히 격하게 독서를 즐기는 독자들을 포함하고 있다(이 이메일 구독 목록에 회원가입을 하고 싶다면 fyi.so/ggghm09에서 할 수 있다).

끝으로 자신들의 일을 입증해 주고 옹호해 줄 책을 찾고 싶어하는 그로스 해커 커뮤니티의 문을 두드렸다. 이 프로젝트의 성공을 위해서 션 엘리스에서부터 앤드류 챈에 이르기까지 이 바닥에서 가장 영향력 있는 인물들이 트위터, 페이스북에서 그들의 이야기를 귀담아 듣는 청중들에게 이 책을 홍보해 주었다.

교훈: 진입 장벽을 낮추어라. 최초의 이용자들을 안착시키기 위해 타기팅이 가능한 매체와 플랫폼을 이용해라.

3단계

가격은 별도로 하고, 구전 효과로 이 책이 훨씬 더 쉽게 퍼지게 하기 위한 디자인 작업을 진행했다(다시 말하지만 가격 기대치와 실제로 받은 제품 사이의 긍정적인 불일치가 중요하다. 사람들이 다음과 같이 말한다는 뜻이다. "이게 고작 3달러밖에 안 한다고? 믿을 수 없어").

아마존의 책 소개 페이지를 본 사람은 우리가 성공적이라고 이야기를 해 주었다. 수백 명의 킨들과 굿리즈Goodreads 독자들이 북마크를 했고, 트위터에 트윗을 올렸고, 그들이 좋아한 페이지를 공유했다. 이것은 우연이 아니다.

집필하는 내내 문장을 짧고 간결하게 하고, 하나하나 드러내는 내용들을 크고 강렬하게 와 닿게끔 계속 신경을 썼다. 독자들이 중요하고 유용한 인상적인 발언들을 남겨주기를 원했던 것이다. 새 버전에서는 이런 부분들을 훨씬 더 많이 신경 썼다.

이 책을 위해 생산한 글과 콘텐츠들은 똑같은 효과를 발휘했다. 블로그 글을 공유하는 것은 훨씬 쉬운 일이다. 내 경우를 보면 보다 분량이 많은 책에 대해 광고를 하는 것과 기본적으로 같은 효과를 냈다.

교훈: 와우 요소와 고객 반응을 얻는 것을 목표로 해라.

4단계

대부분의 작가들은 팬에게 다가갈 수 있는 방법이 없으면 수치스럽게 생각한다. 그들은 모든 작업을 간단하게 끄적이는 것부터 시작하는데 새 버전의 책은 그런 식으로 하기 싫었다. 그래서 디지털 싱글 버전에 작은 한 페이지를 추가하여 독자들을 위한 보너스를 잔뜩 제공했다. 독자들은 그저 growthhackermarketing@gmail.com으로 메일을 보내기만 하면 됐다(당신이 원하기만 하면 이 보너스를 여전히 받을 수 있다).

전체 독자의 10% 정도가 메일을 보냈는데 이건 엄청난 전환율이다. 나는 그 독자들에게 무료로 자료를 보내 줌으로써 행복감과 만족감을 더해 주었다. 하지만 정말 중요한 것은 가장 많은 관심을 보이고 있는 독자들의 이메일 목록을 구축했다는 것이다.

이제 그들에게 이 책의 새로운 확장된 버전을 알려 줄 수 있고, 종이책을 구매할 수 있다는 것(많은 사람들이 질문했다)을 알려줄 수도 있다. 심지어 내가 쓴 다른 책들에 대해 이야기해 줄 수도 있다.

이 사람들이 돈을 지불하는 고객으로 전환되도록 많은 노력을 기울였다. 그들의 연락처 정보를 얻기 위해 최소한의 노력도 하지 않고 그냥 내보냈다면 정말 바보 짓을 한 셈일 것이다. 어떤 프로젝트나 어떤 일을 하려고 할 때 이런 상황이 발생할 수 있다. 연락처 명단은 가장 쉬우면서도 가장 효과적인 마케팅 도구이기 때문에 반드시 명단을 만들어야 한다. 무조건이다.

물론, 4단계의 경우 나는 다른 대부분의 작가들에게는 없는 풍부한 자원을 갖고 있었다. 실제 독자들의 피드백을 프로젝트에 포함시켰다. 짧은 디지털 버전을 먼저 내놓았기 때문에, 최초의 독자들로부터 받은 반응을 토대로 초기 버전을 최적화하고 개선할 수 있었다. 지금 막 읽은 이 책은 30% 정도 길어졌을 뿐만 아니라 새로운 사례와 더 좋게 교정된 문구로 보강되었고, 오류도 줄어들었다(이상적으로는 없어야겠지만).

교훈: 자신의 이메일 목록을 구축해라!

결론

강조해야 할 것을 계속 늘어 놓을 생각은 없다. 모든 사람이 책을 마케팅 하는 것도 아니고, 모든 사람이 가까운 시일에 출판을 하는 것도 아니다(종종 그런 경우가 있을 것 같이 느껴지긴 하지만 말이다).

하지만 어떤 프로젝트든 그로스 해커의 사고방식을 적용할 수 있다는 것을 보여주고 싶었다. 그리고 오랫동안 이 사고방식을 따랐을 때 어떻게 기본적인 습관으로 정착하는 지를 보여주고 싶기도 했다. 이 책의 출시와 당신이 지금 읽고 있는 이 버전의 출시는 내가 지금까지 경험한 모든 제품 출시 중 가장 효과적이고 가장 스트레스가 적었던 경우라고 말할 수 있다.

판매한다라는 느낌이 들지 않았다. 왜냐하면 판매한 것이 아니었기 때문이다. 구매를 부추기지도 않았다. 그럴 필요가 없었기 때문이다. 이런 측면의 요소들은 제품 안에 구축했다. 마케팅과 제품 개발, 그리고 판매를 한데 엮어 영구기관으로 만들었다. 내가 여기서 만든 모든 것은 당신 자신의 책, 스타트업, 당신이 일하고 있는 회사에서 새로 출시하는 신규 프로젝트 등 어떤 것에도 다 적용할 수 있다. 유연하고 적용 가능한 것이다.

그렇게 할 것인지 말 것인지는 당신 자신에게 달려 있다.

확실하게 말할 수 있는 것은 다시는 옛날 방식으로 돌아가기 싫다는 것이다. 새로운 방식이 아주 잘 작동하니 말이다.

그로스 해킹 용어 사전

그로스 해킹은 기술과 데이터 기반의 사고방식이므로 초보자는 겁먹기 쉬운 대상일 수 있다. 그로스 해킹이 드롭박스, 에어비앤비, 페이스북의 성장에 기여했다는 것은 심지어 정말 신출내기라도 명백하게 받아들일 수 있는 사실이다. 하지만 이유와 방법론 등 구체적인 사항들을 파고들기 시작하면 당신의 눈은 게슴츠레해지면서 점점 감길 것이다. "코호트 분석이 뭐지?" "구전 계수는 또 뭐야?" 지난 수년간 이 책을 위해 연구하는 과정에서 그로스 해킹의 핵심 개념들에 대한 정의를 따라 잡기 위해 노력했다. 설사 나 혼자만 사용하고 참고하기 위해서라도 말이다.

　이 단어들을 당신의 어휘 사전에 추가한다면 그로스 해킹의 개념과 핵심 원리를 보다 명확하게 할 뿐만 아니라 블로그를 통해 성공의 비밀을 공유하는 그로스 해커의 뛰어나면 서도 높은 수준의 조언을 제대로 해석하는 데에 큰 도움이 될 것이다.

자, 시작해 보자.

A/B 테스팅(A/B testing)⑧: A/B 테스팅은 문자 그대로의 의미이다. 웹 사이트나 제품의 서로 다른 두 버전을 만든 다음 사람들에게 각각 보여주고 A, B 중 어느 것이 더 나은지 지켜보는 것이다. 구글, 쿼럴루, 옵티마이즐리, 키스메트릭스는 모두 이용자가 사이트에서 실제로 어떻게 행동하고 반응하는지를 보여주는 뛰어난 서비스다. 여기서 얻을 수 있는 객관적인 통찰은 지금까지 의존했던 막연한 본능보다 적합점을 찾아내는 데에 훨씬 도움이 될 것이다.

부트스트래핑(bootstrapping)⑧: 부트스트래핑은 보통 기술 기반 스타트업이 사업 자금을 조달하는 방법인데 외부에서의 자금 조달에 의존하지 않기 때문에 극도로 빡빡한 예산을 토대로 운영하는 것을 말한다. 벤처 캐피탈리스트로부터 막대한 자금 조달을 달성하는 것을 찬양하는 오늘날의 기술 문화에서 부트스트래핑은 명예 훈장이 되어야만 한다. 부트스트래핑 상태에 있다는 것은 마케팅에 소요

되는 비용을 경영자가 직접 지불하거나 마케팅 자체적으로 비용을 충당해야 하는 상황을 말한다. 이것은 고객 한 명이 지불하는 비용을 증가시키는 것을 전제로 이용자를 확보하는 그로스 해킹 전략을 사용해야 한다는 것을 의미한다. 깃허브 GitHub, 37시그널 37signals, 그리고 앱수모는 모두 벤처캐피털로부터 돈 한 푼 받지 않고 부트스트랩을 통해 엄청난 성공을 거둔 대표적인 회사들이다.

이탈률(bounce rate)㈜: 이탈률은 당신의 서비스가 이용자들을 얼마나 붙잡아 놓는지에 대한 객관적인 측정값이다(구글 애널리틱스 Google Analytics 나 키스매트릭스 또는 유사한 서비스를 통해 얻을 수 있다). 한 명의 이용자가 당신의 사이트에 왔을 때 그들 중 즉시 떠나는 인원은 몇 %일까? 만약 이 비중이 높으면, 다시 말해 값이 너무 크거나 수시로 큰 값을 나타낸다면, 둘 중 하나의 문제에 부딪힌 것이다. A)당신의 웹 사이트 또는 서비스는 엉망이다(제품 시장 궁합 부분을 읽어보라). B)당신은 부적절한 이용자를 쫓고 있고, 아마도 비싼 전통적인 마케팅 기법들을 사용하고 있을 것이다. 이탈률을 개선하기 위해서는 A/B 테스팅을 통해 반복적으로 서비스를 조정하거나 서비스로 끌어들이고자 하는 고객 군을 조정해야 한다. 만약 당신의 사이트에 온 사람들 중 아주 일부분만 남는다면 절대로 큰 트래픽 유입을 만들기 위해 노력해서는 안 된다. 테크크런 치에 다시 소개되려고 애쓰지 마라. 처음에만 약간 유리 하게 보일 뿐이다(이탈률이 높으면 많은 돈을 써서 대규 모 인원을 사이트로 끌고 오더라도 밑 빠진 독에 물 붓기 나 마찬가지이기 때문이다. 테크크런치와 같은 유명 매체 에 소개가 되면 잠깐 트래픽이 늘어날 수 있고 뭔가 있어 보일 수 있지만 이탈률이 낮은 상황에서는 실리를 챙기기 어렵다는 뜻이다 – 역자주). 이탈률을 개선하는 것이 훨씬 쉽고 효과적이다.

코호트 분석(cohort analysis)명: 코호트 분석은 웹 애플리케이 션에서 얻은 데이터를 이용하여 고객 전체를 통으로 살펴 보는 대신 관련성 있는 그룹으로 분리하여 분석하는 방법 이다. 특정 고객 그룹의 전체 생애 주기 life cycle를 살펴볼 수 있도록 도와 주며, 특정 집단에게 특화된 다른 가치를 제 공하는 데에 기여할 수 있다.

그로스 해커는 특정 이용자 집단에게 그들이 원하는 것을 제공하기 위해 서비스에 처음 진입했을 때부터 판매 깔때 기를 거치는 전체 흐름을 추적하는 데에 코호트 분석을 이용한다(코호트 분석은 다음과 같은 예를 통해 이해하면 효과적이다. 그로스 해킹을 하려면 서비스에 가입한지 1 달, 2달, 3달이 지나면서 이탈률이나 전환율이 어떻게 달라지는 지 체크하는 것이 필수적이다. 그런데 가입한지 2 달이 지난 그룹이라도 언제 가입했느냐에 따라서 서로 다른 패턴이 나올 수 있다. 코호트 분석의 대표적인 사례는 이렇게 언제 가입했는지, 가입한지 얼마나 지났는지의 두 축을 가로와 세로로 놓고 살펴보고자 하는 지표의 변화 패턴을 보는 것이다 – 역자주).

전환율(conversion rate)[명]: 당신이 원하는 행동(회원가입, 구매, 이메일 주소 입력 등)을 실행한 사람의 수를 당신의 제품이나 사이트를 본 사람의 수로 나눈 값이다. 그로스 해커는 전환율에 목숨을 건다.

그로스 해커는 '인식'이니 '주의/관심'이니 '마인드 공유' 같은 것들을 더 이상 신경 쓰지 않는다. 그들은 이용자 확보에 집중한다. 기본적으로 다른 모든 것에 앞서서 전환율에 신경 쓴다는 뜻이다. 이것은 결정적인 변화이다. 당신이 원하는 행동을 취하지 않는 방문자들을 당신 웹사이트에 아무리 많이 끌어온들 대체 무슨 소용이 있겠는가?

그로스 해커(growth hacker)명: 그로스 해커는 아주 간단한 일을 하는 직업이다. 가능한 모든 수단을 써서 사업을 성장시킨다. 앤드류 챈과 실리콘밸리의 여러 개척자들 말에 따르면 이 역할은 기존의 전형적인 마케팅 담당 임원을 대체하고 있다. 그로스 해커의 주된 일은 전체 개발 과정에 걸쳐 뛰어난 마케팅 아이디어를 제품에 녹여내는 것이다. 종종 프로그래밍 경력을 갖고 있지만 반드시 필요한 것은 아니며, 회사에 하키 스틱 모양과 같은 급격한 성장을 안겨주기 위해 가설을 세우고, 검증하며, 제품의 여러 버전에 대해 반복적으로 작업하는 데에 전문가이다. 페이스북과 민트닷컴에서 그로스 해커로 일한 노아 케이건 Noah Kagan 은 대표적인 그로스 해커 중 한 명인데 그는 앱수모를 창립하여 60달러의 투자를 통해 수백만 달러 규모의 사업으로 키웠다. 드롭박스의 친구 추천 프로그램을 만든(덕분에 수백만 명의 신규 이용자를 창출했다) 션 엘리스는 현재 쿼럴루의 CEO이며 다른 스타트업들의 자문 역할을 하고 있다.

그로스 해킹(growth hacking)명: 그로스 해킹은 전통적인 마케팅 교본을 집어 던지고, 그 자리를 검증 가능하고, 추적 가능하며, 확장 가능한 고객 확보 기법들로 대체하는 사업 전략이다. 전통적인 마케팅 도구가 광고, 홍보, 돈이었다면 그로스 해킹 도구는 이메일, 클릭당 지불 광고, 블로그, 플랫폼 API이다. 전통적인 마케팅에서는 '브랜딩'과 '마인드 공유' 같은 모호한 개념들을 추구하는 데에 반해 그로스 해커들은 끊임없이 이용자와 성장을 추구한다. 그리고 그로스 해킹이 제대로 먹혔을 때 이 이용자들은 더 많은 이용자들을 만들며, 늘어난 이용자들은 더욱더 많은 이용자들을 끌어들인다. 그로스 해킹 기법은 스타트업을 아무것도 아닌 것에서 위대한 것으로 변화시키는 성장 머신으로써 스스로 존속하고 자가 증식하는 창조적 존재이자 운영자이며 시스템이다.

최소 존속 제품(minimum viable product)명: 창업자가 적은 노력을 들여 (잠재)고객에 대한 의미 있는 데이터를 빠르게 수집할 수 있도록 해주는 초기 단계의 제품으로, 아주 기본적인 것만 갖춘 제품이다. 《린 스타트업》의 저자인 에릭 리스는 'MVP'로 시작해서 그것에 대한 피드백을 토대로 제품을 개선하는 것이 제품 시장 궁합을 찾는 최고의 방법이라고 이야기했다. 이것은 전통적인 마케터들이 하던 일과 배치된다. 지금까지는 최종적으로 '제품'이라고 생각하는 것을 가지고 출시하려고 했기 때문이다. 당신의 고객이 누구인지 추출하고, 그들이 필요로 하는 것이 무엇인지 찾고, 그들을 완전히 감동시킬 제품을 디자인해야 한다. 그런데 이것은 개발이나 디자인 의사결정일 뿐만 아니라 마케팅 의사결정이기도 하다. 예를 들어 아마존에서 제품 담당자들은 심지어 개발팀이 작업을 시작하기도 전에 상사에게 보도자료를 먼저 제출해야만 한다. 이러한 연습은 신제품을 대상으로 하는 시장과 그 시장의 특성에 대해서 집중하게 만들어 준다.

피벗(pivot)图: 에릭 리스는 피벗을 '제품, 전략, 성장 엔진에 대한 근본적인 가설을 새롭게 만들고 검증하기 위해 구조화된 경로 수정'이라고 정의했다. 달리 표현하면 고객들이 당신이 생각한대로 반응하지 않기 때문에 제품을 조정하거나 변화시키는 것이다. 인스타그램은 버븐 Burbn이라는 위치기반 스타트업으로 시작했지만, 이용자들이 반응하는 기능에 집중하여 앱을 새로 단장한 이후, 우리가 아는 서비스인 필터를 적용한 사진을 올리는 인스타그램이 되었다. 결과는? 새롭게 출시하고 1주일 만에 10만 명의 이용자가 몰려들었으며, 18개월 만에 창업자들은 인스타그램을 10억 달러에 팔 수 있었다. 이것이 피벗의 힘이다.

제품 시장 궁합(Product Market Fit)몡: 제품 시장 궁합은 제품과 그 소비자 사이에서 완벽한 조화 상태를 만드는 작업이다. 이것은 그로스 해커들에게 있어서는 궁극의 염원이다. 그로스 해커는 제품 및 사업과 사업 모델 자체가 최초 고객에서 나온 반응에서부터 폭발적인 반응을 만들 때까지 계속해서 변할 수 있고 변해야만 한다고 믿는다. 다르게 표현하면 최고의 마케팅 의사결정은 실존하는, 잘 정의된 집단에게 있어서 실제로 정말 필요한 바람을 충족시켜주는 제품이나 사업을 만드는 것이다. 아무리 많이 조정하고 정제해야 하더라도 이것을 만들어야만 하는 것이다. 이 관점에서는 제품이나 서비스가 최적의 상태가 될 때까지 유연하게 바꿀 수 있고, 변화시키며, 향상시킬 수 있는 것으로 취급한다.

(선전) 연출((publicity) stunt)몡: 연출은 신제품에 대해 사람들이 이야기하도록 만들고 시도하게 하는 하나의 방법이다. 때때로 '연출'은 이용자들을 확보하는 뛰어난 방법인데 전체 그로스 해킹 프로세스를 촉발시키는 그로스 해킹 기법이라고 할 수 있다. 선전 연출은 사람들이 아직 완전히 이해하고 활용하지 못하는 시스템이나 플랫폼들을 종종 활성화시키는 촉매가 된다. 우버는 선전 연출을 활용

하여 구전 효과를 만들어서 택시 산업 전체를 뒤흔들었다. 우버 팀은 밸런타인데이에 탑승객들에게 무료로 장미를 줌으로써 데이트에서 인상을 남기고 싶어 하는 탑승객들의 호감을 샀다. 심지어 아이스크림 트럭과 제휴를 맺고 우버 앱에서 신청하면 공짜로 아이스크림을 배달해 주거나, 상습적으로 음주운전을 하는 NFL 선수들과 계약을 맺어 저렴한 가격에 우버 서비스를 제공하는 등의 선전 연출을 이용했다.

판매 깔때기(sales funnel)명: 잠재 고객을 찾아서 판매 절차로 끌어들인 다음, 최종적으로는 지불 고객으로 전환시키는 일련의 흐름이다. 예를 들어 민트닷컴은 그들의 앱에 잠재 고객을 직접적으로 끌어들였다. 그들의 판매 깔때기 최상단은 모두 무료 이용자이며, 민트닷컴의 놀랍고 빠른 개인 자산 관리 애플리케이션에 이끌려서 기꺼이 가입한 사람들이다. 이후 민트닷컴은 금융 서비스 회사들과 제휴를 맺고 민트닷컴의 무료 서비스 이용자들에게 제휴사들이 좋은 조건의 상품을 제안할 수 있는 창구를 마련했다.

앱수모의 노아 케이건 같은 다른 그로스 해커들은 고객이 구매를 한 다음 관련 있는 제품들을 엄청 할인된 가격에 제공하여 추가 판매를 극대화시키고, 이용자들을 깔때기의 더 깊은 바닥으로 끌어당겼다(모든 서비스와 비즈니스에서 이용자는 깔때기 형태를 띤다. 즉, 점점 깊은 단계로 진행될수록 이용자 수는 줄어든다. 예를 들어 어떤 웹 사이트에 방문한 사람이 100명이라면 그 중 50명이 회원 가입을 하고, 가입한 회원 중 20명이 상품 결제 페이지까지 진행하며, 그 중에서 다시 5명이 최종적으로 결제를 하는 것이다. 깔때기의 위에서 아래로 향할수록 더 깊은 단계로 서비스와 사업 절차에 진입하게 되는 것이며, 여기서 중요한 것은 위에서 아래로 진행할 때의 전환율이다. 위 사례에서 1차 전환율은 방문자 수 대비 회원가입자 수 비율인데 이 비율이 50%이다. 각각의 전환율을 극대화시키는 것이 핵심이다 – 역자주).

몰입도(stickiness)휑: 서비스나 제품의 몰입도는 고객이 당신의 제품을 얼마나 반복해서 구매하고 싶어 하고 주위 사람들에게 추천하고 싶어 하는지 나타내는 것으로 생각하면 된다. 칩 히스 Chip Heath와 댄 히스 Dan Heath의 《스틱!》에 의하면 몰입도가 높은 아이디어나 제품은 단순하고, 예상 밖이며, 신뢰할 수 있고, 명확하면서도 구체적이며, 감정의 흐름을 되돌려 주며, 이야기 흐름을 기억하기 쉽다. 그로스 해킹은 이 정의를 서비스와 플랫폼으로 확장한 것이다. 누군가가 회원가입을 했다고 해서 바로 활성화 이용자가 될까? 누군가가 당신의 앱을 확인했다고 하면 호감을 갖게 될까 아니면 "에이, 뭐야 이거?"하며 따분해 할까? 트위터가 제공한 추천 이용자 목록 기능은 신규 이용자들이 서비스에 몰입할 수 있게 도와 주었다. 왜냐하면 이 기능을 통해 팔로우할만한 호감이 가는 친구들이 생겼기 때문이다. 당신을 빨아들이고 계속 머무르게 만드는 서비스가 바로 몰입도 강한 서비스이다.

허영 지표(vanity metrics)명: 허영 지표는 중요한 것처럼 느껴지지만 궁극적으로는 추상적이고, 더 안 좋게는 사람을 속이고 현혹시키는 지표이다. 예를 들어 전환율, 이탈률, 사이트 체류 시간 등을 무시하면서 당신의 웹 사이트에 얼마나 많은 사람이 몰려드는지만 살펴본다고 하면(그리고 그것이 증가하는 것을 보면서 자축하고), 그것이 바로 허영 지표의 희생양이 되는 경우이다.

"허영 지표는 경쟁자들을 기분 나쁘게 만들기 위해 테크크런치에 공표하기를 원하는 숫자이다"라고 에릭 리스는 말했다. 하지만 허영 지표의 가치는 딱 거기까지이다.

허영 지표는 스타트업에 장밋빛 색깔을 칠하는 측정치이지만 실질적으로 행동을 만드는 숫자는 아니다. 허영 지표를 이용하여 회사를 측정하는 것은 얼마나 많은 이용자들이 당신의 블로그에 방문하는지를 자랑하는 데에 사용할 수 있지만, 그런 이용자를 획득하는 데에 필요한 비용에 주의를 기울이지 않는다면 결국 망하는 길로 빠지게 될 것이다. A/B 테스팅과 같은 기법들이 앞으로 취해야 할 행동이 무엇인지 그 지표를 제시한다. 왜냐하면 확인된 결과를 다시 만들 수 있기 때문이다.

구전 확산(viral loop)명: 구전 확산은 당신의 제품이나 서비스를 본 사람이 그것을 사용해 보고 다른 사람들과 공유하는 전체적인 과정이다. 예를 들어 당신의 친구가 가장 좋아하는 제품으로부터 경연 대회에 참가할 것을 권유하는 메일을 받았다고 해 보자. 그가 원하면 또 다른 참가 자격증을 받을 수 있기 때문에 자신이 참가하는 것과 동시에 트위터에 이 소식을 공유한다. 당신은 친구가 올린 트윗을 보고 그 안의 링크를 클릭해서 경연 대회를 안내하는 웹 페이지에 도달하게 되고, 다시 그것을 훨씬 더 많은 사람들과 공유하게 된다. 이것이 바로 자가 독립적이고 알아서 스스로 작동할 수 있는 구전 확산의 성장 메커니즘이다. 페이스북의 뉴스피드나 삽입 가능한 유튜브 동영상 등이 구전 확산의 가장 대표적이고 뛰어난 사례이다.

구전성(과 구전 계수)(virality (and viral coefficient))명: 구전성은 제품이나 아이디어가 사람들을 거쳐 퍼지는 것을 의미한다. 그로스 해킹은 확산 가능성에 대한 것이기 때문에(궁극적으로 당신은 이용자를 데리고 오기 위해 마케팅에 힘을 쏟는 것이고, 그것이 더 많은 이용자들을 데려 오기를 바란다) 성장을 위해 종종 구전 기법에 의존하곤 한다. 구전성의 핵심은 사람이 당신을 무료로 추천하거나 링크를 걸거나 또는 글을 올리는 것에 그들의 사회적 자산을 소비하도록 하는 것이다. 하지만 구전성은 갑자기 일어나는 것이 아니다. 그것은 정교하게 개발되는 것이다. 물론 그로스 해커의 접근 방법에서 구전 확산이 왜 중요한 지는 말할 필요도 없다.

이상적으로 그로스 해커는 1보다 큰 구전 계수(또는 K 팩터라고 표현)를 추구한다. K 팩터 factor는 의학계에서 질병의 확산도를 설명할 때 전형적으로 사용하는 용어이다. 스타트업 세상의 구전 계수는 현재 보유 이용자 한 명이 새로운 이용자 몇 명을 끌어올 수 있는지를 측정한다. 만약 평균적으로 한 명의 기존 이용자가 한 명 이상의 이용자를 새로 데려올 수 있다면, K 팩터는 1보다 크고 당신의 스타트업은 구전 효과를 톡톡히 보는 것이다.

제품이든 사업이든 심지어 하나의 작은 콘텐츠이든 퍼뜨

리고 싶어 하는 사람의 욕구를 건드려 주기만 하면 구전으로 퍼질 수 있다. 무엇보다 먼저 그로스 해커는 구전성을 가능하게 하는 도구나 캠페인을 추가함으로써 구전 확산을 촉진하고 장려해야만 한다. 여기서 한 가지 우리가 너무나 부정하기 쉬운 간단한 진리를 우선적으로 말하고 싶다. 구전 효과로 성공하려면, 제품 자체에 구전성을 녹여내라.

자주 묻는 질문들과 답변

다음은 이 책을 출판하고 나서 이메일, 트위터, 레딧에 올린 "무엇이든 물어보세요"를 통해 받은 자주 묻는 질문들과 그에 대한 답변이다. 이 질문에 대한 답변을 하는 것은 무척 행복하다. 그 이유는 대다수의 질문들이 내가 이 책을 쓰기 위해 조사하고 인터뷰하면서 처음에 느꼈던 그로스 해커에 대한 의문점들을 정확하게 반영하고 있기 때문이다.

1. 만약 당신이 스타트업을 시작하거나 신제품을 출시한다면, 출시 전에 어떤 질문을 스스로에게 하겠는가?

   나 자신에게 이런 질문을 하겠다.

   • 이상적인 초기 수용자는 누구인가?
   • 지금 당장 그들의 마음을 사로 잡기 위해서는 특히 내

플랫폼을 어떻게 갖추어야 하는가?

● 이 서비스는 왜 반드시 필요한가? 또는 그들에게 필수
  적으로 만들기 위해서는 어떻게 해야 하는가?

● 이용자가 서비스에 일단 들어오면 더 많은 이용자들을
  초청하거나 데리고 오도록 할 수 있는 장치를 제공하거
  나 그렇게 하도록 격려하거나 촉진시키고 있는가?

● 초기 이용자들의 행동이나 피드백을 토대로 개선할 준
  비와 자세가 얼마나 되어 있는가?

● 관심을 얻는 데에 있어서 다른 사람들이 가급적 예전에
  시도하지 않은 정말 참신하고 멋진 도구를 갖고 있는
  가? 그렇다면 무엇인가?

2. 그로스 해커 마케팅은 단지 전통적인 마케팅의 진화 형태
   일 뿐이지 않는가?

   아래 사항에 해당하는 것들은 마케팅 산업의 DNA는 아니
   지만 그로스 해킹에서는 정말 중요한 것이다.

   ● 사내에서 직접 구축
   ● 군더더기 없고 효율적
   ● 추적 가능
   ● 외부 요소(대중과의 만남, 관심 확보)보다는 내부 요소
     (제품 개발)

페이스북, 에어비앤비, 트위터 같은 회사를 만들 때 전통적인 마케팅 전략들은 단독으로 사용하지 않았지만 이들은 전세계에서 가장 빠르게 성장하고 있는 회사들이다.

이 회사들은 이메일이나 우편과 같은 다이렉트 마케팅 전략으로 성장한 것도 아니다. 이런 모든 방법들은 단순히 조합하기만 한 것이 아니라 새로운 방식으로 전개하여 사용한 것이다.

이것은 장래의 그로스 해커들에게 큰 기회를 시사한다. 거대 기업들이 점점 비효과적으로 성장하는 방향으로 흘러가는 마케팅 산업을 이들이 지배할 수 있을 것이다.

3. 마케팅 예산이 하나도 없는 상황에서 10만 명의 최초 이용자를 모으기 위한 핵심 전략은 무엇인가?

당신이 할 수 있는 최고의 전략적 마케팅 의사결정은 현존하는 잘 정의된 집단의 사람들이 실제로 갖고 있고 절실하게 원하는 바람을 제품이나 사업을 통해 충족시키는 것이다. 이 과정에서 얼마나 많이 변경하고 정교화하는가는 문제가 되지 않는다. 지금 당장 갖고 있는 실질적으로와 닿는 바람을 충족시키는 놀라운 제품이 없다면 예산 없이 10만 명을 모으는 것은 불가능하다. 스냅챗, 인스타그램, 자포스 Zappos 등을 생각해 보자. 이 회사들은 서로 다른 일들을 하고 있지만 공통적으로 사람들이 정말 "와우" 하게 만든다. 이 반응이 바로 통하는 마케팅을 만들고 구전 효과를 이끈다.

마법과도 같이 갑자기 이런 일이 일어나기를 기다리지 말고, 이 절차에 스스로 기여할 필요가 있다.

당신 자신에게 질문을 던져 보라. 왜 사람들은 신제품의 체험판 사용 기회에 이름을 올리거나 실제로 제품이 출시된 바로 그 주에 가입할까? 이때 제시하는 가치는 압도적이어야 한다. 드롭박스도 그랬고, 메일박스도 그랬고, 지메일도 그랬다. 이들이 이끌어 낸 반응이 "맙소사"이었기 때문에 이 서비스들이 엄청나게 잘 나갔던 것이다. 킥스타터에서 볼 수 있는 대부분의 멋진 프로젝트에 대해서도 마찬가지 원리가 적용된다(이 경우 사람들은 기본적으로 그들이 지금까지 보지 못했고 절대로 존재하지 않았던 제품을 사전 주문한다).

만약 당신의 제품이 이렇지 않다면 심지어 훨씬 작은 대상 고객에 대해서 작은 규모로라도 이런 반응을 끌어내지 못한다면 초기 단계로 돌아가서 될 때까지 되풀이 해야 한다. 언론 홍보나 영향력 있는 사람에게 관심을 얻는 것과 같은 다른 중요한 것들은 이 "와우"를 얻기 전에는 불가능하다.

바깥쪽에서 단방향으로 이루어지는 마케팅과 홍보 노력들
은 초기에는 매우 높은 관심도와 충성도를 지닌 열광하는
이용자들에게 다가가 그들을 사로잡기 위해 진행된다. 그
후 이들과 함께 성장하고 이들 때문에 성장한다. 제품 시
장 궁합은 갑자기 만들어지는 가공의 상태가 아니다. 이것
을 만들기 위해 일을 하고 이것을 향해 천천히 나아간다.
이런 의사결정을 할만한 명백한 증거가 있기 때문에 몇
주 혹은 몇 달을 투자할 각오가 되어 있는 것이다.

4. 스타트업으로서 혹은 이 산업의 관계자로서 시장 조사를
   할 때 쓸만한 자료들은 무엇인가?

경쟁자에 대한 연구, 블로그 읽기, 당신이 속한 분야 전문
가들의 지식을 학습하는 것 외에 다른 것을 말하는 것인
가? 나는 다음과 같은 비결을 즐겨 이용한다. 서브레딧(당
신이 제품을 출시하고자 하는 시장이나 공간에 대해 설명
하고 있는 레딧 사이트에서의 주제 기반 적합 공간)을 찾
아서 가입하고, 몇 주간 올라오는 글(그리고 이 글에 대
한 댓글)을 읽어라.[107] 어떤 사람이 이야기하는지 눈여겨
보고, 그들이 어떻게 반응하고, 그들이 좋아하고 싫어하는
것은 무엇인지 관찰한다.

불행하게도 시장 조사는 도구라기보다 노력이라는 느낌이

든다. 시장 조사에 얼마나 많은 시간을 투자하는가? 당신에게 오는 피드백들을 실제로 얼마나 적극적으로 귀담아들으려고 하는가? 선입관과 편견에 빠져들고 있지는 않는가? 이 모든 것들은 우푸 포럼을 통해 이용자들에게 질문을 하는 것 이상으로 정말로 중요할 것이다.

5. 제품에 구전 요소를 집어넣는 것은 무조건 제품과 마켓의 궁합을 찾은 다음 해야 한다고 생각하는가?

이 두 가지가 완전히 다른 것이라고 생각하지 않는다. 제품과 시장의 궁합은 그 자체가 구전 요소이다. 당신은 사람들이 원하고 필요로 하는 무언가를 만들고 있다. 드롭박스의 사례를 보면 "무료 공간을 얻으세요"라는 추천 프로그램이 만일 제품 시장 궁합을 미리 준비하지 않았더라면 결코 성공하지 못했을 것이다. 이것은 닭이 먼저냐 달걀이 먼저냐 하는 문제와 같다. 따라서 순서에 집착하지 말고, 이 두 가지 체계를 동시에 갖추도록 해야 한다.

6. 그로스 해킹과 비교했을 때 전통적인 마케팅 전략이 뒤쳐진다고 보는 당신의 글을 봤다. 전통적인 마케팅 경험을 갖고 있지만 그것을 그로스 해커에게 맞는 형태로 전환하고 싶다. 어떻게 해야 하는가?

당신의 기술을 사용할 수 있는 스타트업을 찾아서 이 새로운 전략들과 함께 실험할 수 있는 기회를 제안한다. 열정을 쏟을 수 있는 대상을 찾고, 자신의 영역에서 정말 멋진 것을 할 수 있는 사람을 찾아서 사람들이 원하는 것을 선사할 수 있는 방법을 찾는다. 독서를 통해서 그로스 해킹의 사고방식을 배울 수 있고, 직접 실행해 봄으로써 기법을 배울 수 있다.

7. 자신이 작업하고 있는 실제 제품에 대해 입소문을 만들고자 한다. 또한 인구통계학 관점의 목표 집단에게 광고로 보낼 수 있는 콘텐츠를 만드는 것을 고려하고 있다. 어떤 것들을 생각해야 하는가?

광고를 보는 사람의 관점에서 생각한다. 그들이 왜 당신의 콘텐츠를 봐야 하는가? 다음과 같은 식으로 제시했다고 하자. "당신이 전혀 들어본 적이 없는 제품에 대한 동영상을 보려면 이 광고를 클릭해라." 별로 흥미롭지 않다. 그렇지 않은가? 바꿔보려고 노력하면 더 나은 운이 따라줄 것이다. 광고 없이도 충분한 조회수를 만들려면 어떻게 가치 있고 좋은 콘텐츠를 만들어야 할까? 솔직히 실제 제품에 대한 입소문을 만드는 최고의 방법은 현실적으로 경험하는 물리적인 속성에 따라 다를 수 있다. 하지만 콘텐츠를 만들려고 하고 그것이 제대로 작용하기를 원한다면 당신의 제품이 다른 것들에 비해 두드러질 수 있는 속성을 확실하게 강조하고 돋보이도록 해야 한다.

8. 전통적인 광고와 홍보 대행사에 대해서 어떻게 생각하는가?

내가 홍보 대행사에서 일했다면 그만 두었을 것이다. 형편 없기 때문이다. 관계를 중요시하는 것 외에는 딱히 이렇다 할 것이 없는 사람들 사이의 수많은 관계들만이 있을 뿐이다(예를 들어 오래된 전통 매체 기자).

광고 대행사의 경우, 나는 그들의 사업 모델을 좋아하지 않는다. 당신의 잠재 고객에게 직접 말하기 위해 사용하는 콘텐츠를 생산하는 데에 왜 다른 사람에게 돈을 내야 하는가? 나한테는 이치에 맞지 않는 이야기이다. 말이 나왔으니 말인데 그들이 어떤 일을 하는지를 배워서, 실제로 일을 만들고 적용해야 하는 당신의 회사에 당신 자신의 방식으로 적용한다면 더 많은 가치가 있다고 생각한다.

그 대신, 나라면 정말 멋지고 흥미로운 것들을 만드는 사람들을 돕는 데에 집중할 것이다. 그러면 매체의 관심은 자연히 따라올 뿐만 아니라 적극적으로 당신을 찾아올 것이다.

9. 그로스 해킹을 하려면 기술 기반 스타트업을 운영해야만
   하는 것인가? 다른 종류의 전문직이나 사업에도 적용할
   수 있는가? 예를 들어 회계사, 변호사 또는 토스터와 같
   은 물리적인 제품에도 가능한가? B2B 사업 모델에는 어
   떠한가?

그로스 해커의 사고방식은 어떤 종류의 사업에도 적용 가
능하다. 서비스에 정말 필요한 가치를 불어넣고, 탈출구
내지는 더 개발하고 이용할 여지가 있는 틈새 시장을 찾
고, 구전 효과를 활성화시켜서 결국에는 데이터와 피드백
을 기반으로 엄청나게 최적화하는 모든 것에 적용할 수
있다.

수백만 명에 달하는 소셜네트워크를 그로스 해킹하는 것
은 대단히 흥미로운 일인데, 돈을 내는 고객을 확보하는
것보다 무료 제품 이용자를 확보하는 것이 좀 더 쉬운 일
일 가능성이 크다. 이러한 전술들을 보다 작은 범위에서
모든 종류의 사업에 적용하는 것이 궁극적으로 가능하다.
물리적인 제품이든 식당이든 무엇에든 말이다.

이 점을 명확하게 보여 주기 위해서 책을 그로스 해킹하
는 것으로 이 책의 마무리를 장식한 것이다. 개별 제품이
아니라 그로스 해킹의 절차를 적용하는 것 자체가 중요하
다는 점을 보여 주고 싶었다. 결국 아론 긴은 2012년 대통

령 선거 운동 캠프에 들어가서 그로스 해커로 일을 했다. 그로스 해커라면 그 기법을 인디고고 캠페인이나 심지어 자선 활동에도 적용할 수 있어야 한다고 말해도 큰 무리는 없다고 생각한다.

10. 포부 있는 기업가를 위해 추천할 만한 책이 있다면?

다음 책들을 우선 추천한다.
- 《마케팅 불변의 법칙(알 리스, 잭 트라우트 지음, 비지니스맵, 2008)》
- 《권력의 법칙(로버트 그린 지음, 웅진지식하우스, 2009)》
- 《전쟁의 기술(로버트 그린 지음, 웅진지식하우스, 2007)》
- 《안티프래질(나심 니콜라스 탈레브 지음, 와이즈베리, 2013)》
- 《고래를 삼킨 물고기: 미국 바나나 왕의 삶과 시간(The Fish That Ate the Whale: The Life and Times of America's Banana King, 리치 코헨 지음)》
- 《WIKINOMICS 위키노믹스(돈 댑스코트, 앤서니 윌리엄스 지음, 21세기북스, 2009)》
- 《컨테이저스 전략적 입소문(조나 버거 지음, 문학동네, 2013)》
- 《디지털 해적들의 상상력이 돈을 만든다(매트 메이슨 지음, 살림Biz, 2009)》
- 《급진주의자를 위한 규칙(사울 D. 알린스키 지음, 아르케, 2008)》
- 《새로운 것: 실리콘 밸리 이야기(The New Thing: A Silicon

Valley Story, 마이클 루이스 지음)》

- 《끌리고 쏠리고 들끓다(클레이 서키 지음, 갤리온, 2008)》
- 《보랏빛 소가 온다(세스 고딘 지음, 재인, 2004)》
- 《필 잭슨의 일레븐 링즈(필 잭슨, 휴 델레한티 지음, 한스미디어, 2014)》
- 《위험한 전략(춘카 무이, 폴 캐롤 지음, 흐름출판, 2009)》
- 《독단적 마케팅: 최악의 사례에서 배우는 승리(Gonzo Marketing: Winning Through Worst Practices, 크리스토퍼 로크 지음)》

더 많은 목록을 원하면 이메일을 통해 매월 보내주는 추천 리스트를 체크하라. 다음 주소에서 뉴스레터에 등록할 수 있다. fyi.so/ggghm09.

그로스 해커 되기 : 다음 단계들

이 책은 세부적인 수준의 특정 전술을 가르치기보다는 사고 방식과 새로운 접근 방법을 전달하기 위한 입문서로 기획되었다. 다음 단계를 완수하는 최고의 방법은 직접 해 보는 것이다. 진짜 그로스 해커 밑에서 연습을 하라는 이야기이다. 전통적이건 아니건 어떤 마케터도 그들이 실제로 하는 일이 무엇인지 학교에서 배운 적은 없다. 일을 하면서 배우는 것이다. 감사하게도 그로스 해킹 팀을 당장 만들고자 하는 수천 개의 스타트업과 성장하는 회사들이 있다. 게다가 그런 곳에서는 봉급을 받으면서 배우고 공부할 수 있다.

하지만 만약 시간이 없거나 그런 기회가 닿지 않는다면 다음에 언급하는 것들을 잘 활용하길 바란다. 이 책에서 다루지 않은 것들에 대해 이어서 알려 주는 놀랄만한 자료들이다.

블로그 및 개인 사이트

- 앤드류 챈의 에세이

  http://andrewchen.co

- 노아 케이건의 블로그

  http://okdork.com

- 패트릭 블라스코비츠

  http://vlaskovits.com/blog

  http://www.twitter.com/pv

- 제시 파머

  http://20bits.com

- 션 엘리스

  http://www.startup-marketing.com

  http://growthhackers.com

- 폴 그레이엄의 에세이

  http://www.paulgraham.com/articles.html

- 아론 긴

  http:/www.aginnt.com

- 죠시 엘먼

  https://medium.com/@joshelman

- 또는 이들 대부분이 참여하여 질문과 답변이 오고 가는 다음 링크를 일단 팔로우하라.
  http://www.quora.com/Growth-Hacking

책

- 《린 스타트업(에릭 리스 지음, 인사이트, 2012)》

- 《린 기업가: 비전으로 제품을 창조하고, 새로운 벤처를 혁신하고, 시장을 개혁하는 방법(The Lean Entrepreneur: How Visionaries Create Products, Innovate with New Ventures, and Disrupt Markets, 브랜드 쿠퍼, 패트릭 블라스코비츠 지음)》

- 《세상을 바꾼 32개의 통찰(제시카 리빙스턴 지음, 크리에디트, 2007)》

- 《바이럴 루프(아담 페넨버그 지음, 틔움, 2010)》

- 《린 스타트업 마케팅: 애자일 제품 개발, 비즈니스 모델 디자인, 웹 분석 및 고속 성장을 위한 다른 핵심요소(Lean Startup Marketing: Agile Product Development, Business Model Design, Web Analytics, and other Keys to Rapid Growth, 션 엘리스 지음)》

프레젠테이션, 쇼, 수업

- http://www.creativelive.com/courses/smart-pr-artists-entrepreneurs-and-small-business-ryan-holiday(마케팅, 관심, 무료 홍보에 대해 creativeLIVE와 함께 만든 10시간 분량의 코스). 단축 fyi.so/ggghm10.

- http://www.slideshare.net/mattangriffel/growth-hacking. 단축 fyi.so/ggghm11.

- http://quibb.com/links/growth-hackers-conference-all-the-lessons-from-every-presentation. 단축 fyi.so/ggghm12.

- http://www.slideshare.net/yongfook/growth-hacking-101-your-first-500000-users. 단축 fyi.so/ggghm13.

- http://www.slideshare.net/gueste94e4c/dropbox-startup-lessons-learned-3836587. 단축 fyi.so/ggghm14.

- https://www.growthhacker.tv.

- http://growthhackers.com.

- http://www.slideshare.net/yongfook/actionable-growth-hacking-tactics. 단축 fyi.so/ggghm15.

- https://generalassemb.ly/education/growth-hacking-and-user-acquisition-for-startups-online-class. 단축 fyi.so/ggghm16.

- https://www.udemy.com/growth-hacking-lean-marketing-for-startups. 단축 fyi.so/ggghm17.

- http://www.forbes.com/sites/markfidelman/2013/10/15/meet-the-growth-hacking-wizard-behind-facebook-twitter-and-quoras-astonishing-success. 단축 fyi.so/ggghm18.

- http://www.slideshare.net/vlaskovits/growthhacker-live-preso-by-patrick-vlaskovits-pv. 단축 fyi.so/ggghm19.

- http://www.slideshare.net/timhomuth/think-like-a-growth-hacker. 단축 fyi.so/ggghm20.

- http://www.slideshare.net/ryanholiday/19-growth-hacker-quotes. 단축 fyi.so/ggghm21.

- http://www.slideshare.net/ryanholiday/the-growth-hacker-wake-up-call. 단축 fyi.so/ggghm22.

- http://www.slideshare.net/ryanholiday/10-classicgrowth-hacks. 단축 fyi.so/ggghm23.

- http://fourhourworkweek.com/2011/09/24/how-to-create-a-million-dollar-business-this-weekend-examples-appsumo-mint-chihuahuas. 단축 fyi.so/ggghm24.

- http://www.growhack.com/case-studies. 단축 fyi.so/ggghm25.

컨퍼런스

http://growthhackersconference.com

감사의 말

(원저자)

연구와 집필 작업을 인내심을 갖고 도와준 사만다 후버 Samantha Hoover에게 감사의 말을 전한다. 브렌트 언더우드 Brent Underwood와 마이클 튜니 Michael Tunney 덕에 마케팅 지원을 받게 되었다. 나와 함께 많은 실험을 진행한 아메리칸 어패럴의 부하 직원인 밀트 데레라 Milt Deherrera에게도 고맙다는 말을 하고 싶다. 내가 《패스트 컴퍼니》에 기고한 글에서 이 책의 집필 아이디어를 찾은 니키 파파도폴로스 Niki Papadopoulos에게도 감사를 표하며, 결실을 맺게 해 준 포트폴리오 Portfolio의 스태프이자 내 대리인인 스티브 한셀만 Steve Hanselman에게도 감사하고 있다. 끝으로, 나를 가르쳐 준 그로스 해커들과 최소 존속 제품에서 베스트셀러 책으로 변화시킨 피드백을 제공해 준 독자들에게 감사의 말을 전한다.

한국 우수 스타트업
그로스 해킹 모범 사례

GROWTH HACKING

번역자의 이야기

이 책《그로스 해킹》의 원서에서는 페이스북, 트위터, 인스타그램, 에어비앤비, 드롭박스, 아마존, 우버, 핫메일과 같은 글로벌에서 유명한 스타트업들의 그로스 해킹 사례가 잘 담겨있다. 하지만 입문서로서 여러 사례를 소개하고 동시에 핵심이 되는 기본 원리를 제시하는 것에 집중하다 보니, 좀 더 깊이 있고 상세한 그로스 해킹 사례에 대한 아쉬움이 있다.

앞에서 소개한 사례들이 글로벌 서비스이고, 이 중에서 상당수는 한국에서도 많이 사용하기 때문에 공감대 형성에 큰 무리는 없다. 하지만 한국의 우수한 스타트업들은 그로스 해킹이라는 새로운 흐름을 어떤 식으로 직접 만들어가고 있는

지 살펴봄으로써 좀 더 그로스 해킹을 잘 이해하고 실천에 옮길 수 있는 동기 부여를 할 수 있다.

그래서 한국 우수 스타트업들이 어떻게 그로스 해킹을 잘 활용해서 실질적인 성장을 이루고 있는지에 대한 내용을 번역된 원문의 뒤에 추가하기로 결정했다. (공동)창업자 또는 대표이사들과의 인터뷰를 통해 생생한 경험담과 노하우를 전달하고, 허영 지표가 아닌 이 스타트업들이 핵심으로 여기는 실질 지표는 무엇이며, 이런 사례들을 종합했을 때 절대로 놓치지 말아야 할 통찰은 무엇인지 전달하는 것이 이 추가분의 목표이다.

역자 본인도 2010년부터 스타트업 생태계에서 여러 활동을 하다가 2012년부터는 직접 미국과 한국을 오가며 스타트업을 꾸려나가고 있다. 그러다 보니, 지난 5년에 걸쳐 각 분야에서 정말 우수한 한국 스타트업과 이 바닥의 선수들을 많이 알게 되었다. 하지만 알고 있는 것과 이런 인터뷰를 진행하는 것은 별개의 이슈였다. 자신들이 고생해서 얻은 노하우를 공개하고 공유한다는 것 자체가 부담으로 생각되는 것이 한국의 분위기이다. 심지어 그런 부담감을 이겨내고 노하우를 공유했으나 기본적인 상도마저도 지키지 않고 악용하는 사례들을 겪으면서 이제는 보수적으로 행동할 수밖에 없게 된 경우도 인터뷰 섭외 과정에서 접하였다. 그럼에도 불구하고 선뜻 인터뷰에 응할 뿐 아니라 본인도 놀랄 정도로 정말 세세한 경험담과 노하우를 공유해주신 네 분에게 깊은 감사와 존경의 마음을 표한다.

사실, 앞으로 소개할 한국의 모범 사례 중 일부는 역자 본인이 진행하는 그로스 해킹 강연에서 몇 번 소개를 했었는데 엄청나게 반응이 좋았었다. 그로스 해킹식으로 표현하면 MVP(최소 존속 제품)를 통해 PMF(제품 시장 궁합)를 테스트하고 만든 다음 책의 형태로 집어 넣는 의사결정을 한 셈이다. 이 사례들이 앞에서 다룬 그로스 해킹의 기본 토대와 시너지를 내어 스타트업은 물론이고 린 스타트업과 더불어 그로스 해킹을 적용할 수 있는 모든 크고 작은 기업들에게 동기를 부여하며, 그로스 해킹 '사고방식'으로의 변화 그리고 실질적인 성장의 기회를 제공하길 바란다.

시장과 서비스, 조직을 성장시키는 그로스 해킹

: 젤리버스 김세중 대표 :

젤리버스 Jellybus(http://www.jellybus.com)는 한국의 스타트업이지만 한국보다 세계 무대에서 훨씬 유명하고, 서비스 이용 및 매출 측면 모두에서 글로벌 수준의 규모와 성장세를 보이는 스타트업이다. 젤리버스는 2009년 12월 창업부터 지금까지 사진 편집 스마트폰 앱 하나에 무섭도록 집중하여 픽스플레이 프로 PicsPlay Pro, 몰디브 Moldiv, 루키 Rookie 등 세계 최고 수준의 제품들을 선보였고, 그 결과 창업 6년차임에도 불구하고 부트스트래핑을 거쳐 외부 투자 없이 스스로 성장할 수 있는 자체 성장 엔진을 확보했다. 젤리버스의 김세중 대표는 비교적 창업 초창기부터 실험과 정교한 트래킹 및 그에 따른 데이터 분석에 기반을 둔 의사결정을 계속했는데 이 자체가 결국 그로스 해킹이었고 현재의 성공을 만든 중요한 원동력이었다.

그로스 해킹을 통한 고객과 시장의 발굴

"5년 전 스타트업 창업 초창기 때는 개념이 없었어요."

젤리버스의 김세중 대표가 인터뷰를 시작한 첫마디였다. 김 대표는 스마트폰 시대가 오는 것을 보면서 기존 포토샵Photoshop으로 사진 편집을 하던 사람들이 스마트폰에서도 같은 필요를 느낄 것이라고 생각했다. 그 당시 '스마트폰의 포토샵'을 만든 곳은 없었고, 먼저 깃발을 꽂기 위해 1년 반의 기술 개발을 통해 전문적인 용도의 사진 편집 앱을 만들었는데 이것이 바로 픽스플레이 프로였다.

김 대표는 제품을 출시하고 고객들의 반응을 보면서 생각하지 못했던 부분을 알게 되었다. 많은 여성 이용자들이 이 제품이 쓰기 어렵다면서 쓰지 않겠다고 리뷰를 남기는 것을 보았고, 실제 이용자 분포를 보아도 삼십 대 이상의 남성들이 많았던 것이다. 일단 삼십 대 이상에서는 호응도가 좋았고 매출도 좋았기 때문에 이 타깃 고객 집단에서 최대한 매출을 많이 내는 것에 집중했지만, 곧 커다란 문제에 부딪쳤다. 사진 편집 스마트폰 앱 시장이 점점 커지다 보니 여러 경쟁자들이 들어왔는데, 그가 봤을 때는 '기능도 빈약하고 우리보다 나을 게 없는데 이런 걸 왜 만들지?' 싶었던 앱들이었다. 문제는 그런 앱들이 엄청나게 인기를 끌었다는 것이다. 김세중 대표는 뒤통수를 맞은 느낌이었다고 이야기했다. 그 당시 다수의 이용자들이 원하던 것은 뛰어나고 다양한 기능의 '모바일 포토

픽스플레이 프로의 앱스토어 소개 화면

샵'이 아니라 쉽고 간단하게 사용할 수 있는 사진 편집 앱이었다. 당장의 고객은 발굴했지만 대세가 되는 흐름을 읽어서 미래의 고객을 발굴하는 데에는 실패한 것이었고, 그는 이 계기를 통해 시장이 커질 때는 그 흐름에 맞는 고객을 발굴해야 한다는 것을 배웠다. 결국 제품 시장 궁합은 고정된 것이 아니라 변하기 때문에 지속적으로 체크해야 한다는 점에 주목해야 한다.

이 경험을 통해 일단 사람들이 제일 좋아하는 기능을 먼저 발견하는 쪽으로 젤리버스의 기본 전략이 변경되었다. 이때부터 젤리버스와 김세중 대표의 본격적인 그로스 해킹이 시작된 셈이다. 픽스플레이 프로의 무료 버전인 픽스플레이에 플러리 Flurry [108]를 적용하여 앱에서 어떤 기능들이 가장 많이 사용되는지 체크했다. 사람들이 가장 많이 쓰는 기능은 여러 장의 사진을 하나로 합치는 기능이었다. 이를 통해 준비하기 시작한 새로운 제품이 바로 몰디브이다.

몰디브는 사진을 합쳐서 손쉽게 잡지 같은 이미지를 만드는 기능을 전면적으로 내세웠지만 픽스플레이 프로에서 선보였던 편집 기능들도 원하는 이용자들은 사용할 수 있게 한 단계 밑으로 빼 두었다. 이렇게 제품을 출시했더니 3주 만에 300만 다운로드를 돌파했고, 출시한 지 1년 반 정도가 지난 현재 시점에, 2000만 다운로드가 된 히트 제품이 되었다. 몰디브의

몰디브의 앱스토어 소개 화면

이용 계층은 삼십 대 이상의 포토샵에 익숙한 일부 이용자들이 타깃이었던 픽스플레이와는 달리 이십 대 초반부터 삼십 대 이상까지 광범위하다. 앱의 핵심 이용 기능을 트래킹과 데이터 분석으로 파악하여 세대를 관통하는 진정한 '제너레이션 앱'을 만든 것이다.

몰디브를 성장시키는 과정에서 또 하나의 값진 통찰을 데이터에서 얻을 수 있었다. 몰디브 출시 한 달 뒤에 미국에서 스냅챗이라는 메신저가 등장했는데, 출시한 지 세 달 만에 600만 다운로드를 돌파한 괴력을 보여 주었다(이 앱은 현재 전세계 메신저 시장에서 사진 전송으로는 압도적인 1등을 고수하고 있다). 스냅챗에 대해 조사하다 보니 주된 이용자 계층은 십 대이며 전송하는 메시지의 대부분은 놀랍게도 사진이었다. 몰디브의 고객은 이십 대 이상이었기 때문에, 십 대가 주 고객층이며 더군다나 젤리버스의 핵심인 사진이 주된 이용 행태인 스냅챗에 관심이 갈 수밖에 없었다. 이때부터 김세중 대표의 관심은 '십 대들의 사진에 대한 욕구와 이용 행태가 무엇일까?'에 온통 쏠렸다. 애스크에프엠 Ask.fm [109], 텀블러 Tumblr [110], 인스타그램, 페이스북, 트위터 등을 직접 사용하면서 십 대들의 욕구와 행태를 조사했다. 중요한 것은 미국 시장을 지배하는 미국의 서비스들을 조사해야 한다는 것이다. 글로벌 서비스라도 한국 시장에 대해 조사하면 미국 시장을 위한 전략을 도출할 수는 없다.

해외 자료들을 조사하고, 나이가 어린 몰디브 이용자들의 서비스 이용 행태를 트래킹하고 분석하면서 굉장히 주목할 만한 사실을 알게 되었다. 십 대들은 사진 편집 자체를 많이 하지 않는다. 다른 연령대 이용자들의 88%는 사진을 편집할 때 다른 앱이나 스마트폰의 기본 사진 촬영 앱으로 찍은 사진을 불러와서 편집하는데, 십 대들은 카메라 (촬영)에서 바로 사진 편집을 한다는 점이었다. 즉, 사진 편집 앱의 전체 이용 흐름 자체를 이에 맞게 개선하지 않으면 십 대들에게는 잘 먹히지 않는다는 것을 알게 되었다.

이렇게 해서 젤리버스가 준비한 십 대 타깃의 새로운 제품이 바로 루키다. 루키는 철저한 시장 조사와 서비스 이용 행태 분석을 통해서 얻은 통찰을 최대한 반영하여 십 대들에게 별로 매력적이지 않을 기능들을 과감하게 다 생략하고 그들이 좋아하는 기능들에 집중하여 쉽게 사용할 수 있도록 구성했다. 불러오기 대신 촬영을 앞세운 것은 물론이다. 편집이 아닌 스티커와 텍스트를 이용한 디자인이 핵심 콘셉트이며 서비스 이름도 십 대에게 어필할 수 있게 루키로 지었고, 홍보 화면의 포스터도 이런 부분들을 신경 썼다. 그 결실은 앱스토어에서만 1천만 다운로드라는 숫자로 맺어졌다(아직 안드로이드 버전은 출시되지 않았다).

루키의 앱스토어 소개 화면

젤리버스 김세중 대표에게 그로스 해킹은 고객을 이해하고 그런 고객들로 구성된 시장에서 새로운 기회를 발굴하여 실제 수익으로 만드는 핵심 도구이다. 세 개의 대표 제품을 통해서 몸으로 터득한 그로스 해킹의 참모습이라고 할 수 있다.

그로스 해킹의 답은 고객의 서비스 이용 관찰에 있다

젤리버스의 서비스는 사진 편집이 핵심이다 보니 전세계적으로 거대한 사진 기반 소셜미디어를 구축한 페이스북과 인스타그램을 활용했다. 처음에는 페이스북을 이용했었는데 고객들의 상호작용을 보고 점점 인스타그램으로 옮겼더니 훨씬 효과가 좋았다. 인스타그램을 이용하여 자사의 서비스들을 노출하는 전략도 일찌감치 적용했는데, 몰디브에서 편집한 사진을 인스타그램에 포스팅할 때 사진을 설명하는 본문에 자동으로 몰디브에서 편집된 것임을 표시하는 태그tag가 추가되도록 하였다. 이렇게 하면 해당 태그를 클릭했을 때 그 태그가 붙은 사진들을 손쉽게 봄으로써 몰디브를 노출하고 신규 잠재 이용자를 확보할 수 있는 기회를 만들 수 있기 때문이다. 사실 이것은 서비스 성장에 어느 정도 신경을 쓰는 스타트업이라면 쉽게 볼 수 있는 기법이다. 그런데 김세중 대표는 얼마 뒤 몰디브에서 이 기능을 빼버렸다. 왜 그랬을까?

"이용자들이 좋아하지 않고 오히려 불편함을 끼치는
기능을 제공하면 안 됩니다."

김세중 대표의 대답이었다. 그렇다면 그는 이 기능이 이용자
에게 외면 받는 것을 어떻게 알 수 있었을까? 약간 기술적인
이야기지만 편집된 사진을 인스타그램에 포스팅할 때 자동으
로 추가되는 태그를 수작업으로 삭제하는 일은 간단하지 않
았다. 그래서 김 대표는 복잡한 기술로 이를 해결하기보다는
이미 있는 자원을 활용하기로 했다. 몰디브를 통해 인스타그
램에 업로드된 사진의 개수는 내부적으로 확인이 가능한데,
몰디브 태그가 붙어 있는 전체 인스타그램 사진 개수를 인스
타그램 관련 오픈 웹 서비스를 이용하여 확인한 다음에 그 비
율을 살펴본 것이다. 만약 이용자들이 태그를 좋아했다면 이
두 숫자가 거의 같아야겠지만, 이용자들이 좋아하지 않았기
때문에 비율이 낮았고, 그래서 그가 이 기능을 뺀 것이다.
그런데 이후 그는 다시 이 기능을 추가했다. 이번에는 왜 그
랬을까?

"사람들이 태그를 좋아하기 시작했거든요."

다시 말해 인스타그램에서 태그를 써서 소통하는 것이 점점

인스타그램만의 문화로 정착하고 몰디브에 대한 이용자들의 충성도가 높아지면서 몰디브 태그가 자동으로 추가되는 기능을 오히려 선호하게 되었다는 것이다. 그로스 해킹은 정적인 것이 아니라 이렇게 동적이어야 하는데, 그 이유는 이용자는 항상 변할 수 있기 때문이다.

한편 인스타그램에 몰디브 태그가 붙어 올라오는 사진들을 유심히 보다 어느 날, 어떤 옷 사진에 달린 댓글이 마치 쇼핑몰에서 상품을 문의하는 것 같아서 흥미를 갖게 되었다. 제대로 확인하기 위해 동남아시아의 자카르타에 직접 갔다. 해당 사진을 올린 이용자와 만나서 이야기를 해 보니 동남아시아

뉴욕을 방문한 젤리버스 임직원

의 경우 인스타그램을 이용해서 간단하게 쇼핑몰을 운영하는 경우가 종종 있다는 사실을 구체적으로 알게 되었고, 이들이 원하는 사진 편집 템플릿을 몰디브에 추가해서 고객 만족도와 함께 매출을 높일 수 있었다.

고객은 최고로 강력한 우리 편

김세중 대표는 한 달에 최소한 이틀은 하루 종일 키워드 검색을 통해 젤리버스의 서비스에 대해 다룬 국내외 블로그들을 전부 찾아 다니면서 댓글을 단다. 불만을 표시한 글이라도 그에 대해 정중히 사과하며 개선책을 제시하는 형태로 댓글을 달다 보니 정작 좋지 않게 말했던 이용자도 머쓱해 하면서 오히려 나중에는 적극적인 팬이 되는 경우도 종종 있다고 한다. 특히 앱스토어의 앱 다운로드 페이지에 있는 댓글 리뷰는 전 직원이 항상 챙겨보면서 성실하게 답변을 하는데 이렇게 로열티가 쌓인 고객들은 누가 시키지도 않았는데 프로그램 오류와 같은 정보들을 알려 줄 뿐만 아니라 심지어 경쟁 제품의 업데이트 사항과 같은 요긴한 정보를 댓글 또는 이메일로 알려 주고 있다.

인스타그램 사진이 많이 올라오는 트위터에서도 고객들과 꾸준히 소통을 한다. 한 번은 팔로워가 5천 명 정도 되는 미모의 일본 여성이 멘션을 걸었길래 바로 RT를 하면서 서로 소개를 하게 되었다. 알고 보니 이 여성은 일본의 모델이었다. 나중에 공식 모델로 섭외를 했는데 무료로 자기 사진을 마음껏 쓰라고 20장을 보내왔다고 한다. 물론 그 사진은 일본판 서비스의 홍보 포스터에 이용하였고 이를 본 그 고객은 더욱 신나서 주위에 열성적으로 홍보를 하고 다녔다.

"미녀들은 무조건 우리의 팬으로 만듭니다."

비단 김세중 대표가 총각이라서 이렇게 말한 것은 아닐 것이다. 미녀는 분명 마케팅에 강력한 도움이 된다.

현재 젤리버스 서비스들의 전체 이용자수는 5천만 명 가까이 된다. 이렇게 이용자 층이 넓다 보니 고객들로부터 오는 이메일도 하루에 100에서 150통 정도 되는데, 이 이메일에 대해 하나도 빠짐없이 개별 답변을 한다. 글로벌 서비스를 하기 때문에 다양한 언어로 이메일이 오는데 젤리버스에는 그렇게 다양한 외국어를 소화할 수 있는 직원들은 없다. 이 문제는 구글 번역기로 해결한다. 다소 어색한 표현이 나올 수는 있지만 고객에게 솔직하게 구글 번역기로 이야기하고 있음을 알려 주면, 고객의 반응은 '감동'일 수밖에 없는 것이다. 전 직원이 고객 서비스에 가담하고 주 단위로 고객들의 반응을 정리해서 논의하며 의사결정에 참여한다. 그리고 이것을 굉장히 효과적으로 외부 홍보와 선전에 활용한다. 즉, 고객들이 어떤 것들을 많이 원했기 때문에 빠르게 최선을 다해 반영해서 어떤 결과물을 내놓았다는 것을 효과적으로 어필하는 것이다. 이런 홍보는 고객의 로열티 상승 및 자발적인 구전 효과로 이어져서 새로운 고객을 더욱 더 많이 확보할 수 있었다고 한다. 특히 일본 고객들이 이런 전략에 크게 감동을 하는데 젤리버스 전체 매출 2위를 차지하는 나라가 바로 일본이다.

"애플 디바이스 이용자 중 17%만이 매달 앱스토어에 방문합니다. 그것도 그냥 기존에 설치된 앱을 업데이트하거나 다른 곳에서 링크를 타고 들어와서 설치만 하고 나가는 경우가 대부분입니다. 즉, 앱을 살펴보기 위해서 앱스토어에 방문하는 사람은 더 적을 거에요. 앱스토어의 랭킹을 올려서 고객을 확보하려는 것은 이 흐름에는 완전히 뒤쳐진 전략입니다. 이제 고객을 확보하는 활동을 앱스토어 안에서만 집중할 것이 아니라 고객의 라이프사이클에 맞게 다른 모든 채널에서 전방위적으로 해야만 합니다."

젤리버스의 그로스 해킹은 철저하게 고객의, 고객에 의한, 고객을 위한 방법론이다. 고객에서 시작해서 고객으로 끝난다

독일 IFA 전시회에 참석한 김세중 대표(오른쪽)와 박준원 부대표(왼쪽)

고 해도 과언이 아니다. 그 결과물은 거대하고 젤리버스의 젤리처럼 달콤하다.

글로벌라이제이션의 시작은 로컬라이제이션

글로벌이라고 하면 뭔가 한 지역에서 하던 것과는 다른 거창한 것을 생각하기가 쉬운데, 글로벌에서 승승장구하고 있는 젤리버스의 비결은 바로 철저하게 각 지역에 맞추어 로컬라이징을 함으로써 지역별로 성공을 이끈 것이었다.

젤리버스는 현재 최대 17개국의 언어를 지원하는 라인 LINE의 뒤를 이어 15개국의 언어를 지원하고 있다. 그런데 해당 지역의 언어로 기계적인 번역을 하는 것이 아니라 그 지역에 특화된 번역을 적용했다. 예를 들어 사진 앱에서 많이 이용되는 기능인 브러시 brush는 한국에서는 붓질로 표현했는데, 현지에서는 어떤 용어로 가장 많이 쓰이는지 알아야만 했다. 즉, 여러 유사 용어 중에서 가장 많이 쓰이는 용어를 그 나라의 구글 검색 엔진의 도움을 받아 적용했다. 이런 식으로 로컬라이징을 통해 자연스럽게 검색 엔진 최적화를 하고, 서비스가 검색 결과에 보다 잘 노출되게 하였다.

한편 앱으로 사업을 하다 보면 할인 전략을 잘 세우는 것이 굉장히 중요한데, 그 전략 못지 않게 중요한 것이 할인을 표현하는 방법이다. 미국은 '30% off'라고 표현하지만, 프랑스는 '-30%'라고 표현하는 것이 일반적이며, 어떤 나라에서는 할인이 된 가격을 기준으로 '70%'라고 표현한다. 국가별로 다 다른데 이것을 알아내기 위해 해당 국가의 대형 백화점 등을 직접 돌아다녔고, 로컬라이징 작업을 시작하면 보통 한 달은 훌쩍 지나가기 때문에 담당 PM은 죽어난다고 한다. 하지만 성과는 엄청났다. 할인 문구를 최적화한 것만으로도 매출이 무려 50% 성장했고, 앞서 언급한 검색 엔진 최적화를 잘했더니 30%가 성장했다. 이렇게 하나하나 구체적인 그로스 해킹 과정이 서로 시너지 효과를 얻어 200~300% 매출 성장을 이루었다.

"할인에 대한 고객의 반응은 굉장히 문화 심리적입니다. 그래서 그 나라의 백화점 세일 문구와 할인 정책의 변화 흐름을 많이 연구했어요. 글로벌 그로스 해킹보다는 내가 원하는 곳의 그로스 해킹에 최근 집중하고 있습니다. 그래서 현지에 자꾸 가려고 하고 있어요."

세부 타깃에 대한 실험과 그에 따른 구체적인 반응의 측정 및 분석을 토대로 한 의사결정. 젤리버스의 그로스 해킹은 이러한 기본에 충실했기 때문에 각 로컬 시장들이 모인 글로벌 시장에서도 성공하고 인정받고 있다고 말할 수 있다.

조직에 대한 그로스 해킹

회사의 성장은 창업을 한 기업가의 성장과 연결되면서도 별개의 의미를 가진다. 그리고 이상적인 회사의 성장에는 임직원들의 성장이 동반될 필요가 있다. 김세중 대표는 이 부분에 대해 계속 고민을 하며 여러 가지 방법을 시도했으나 딱히 마음에 드는 성과가 나오지는 않았다. 임직원들의 사기를 고양시키고 애사심을 기르기 위해서 주기적으로 해외 여행도 갔지만 해외에 나갔을 때만 잠깐 효과가 있을 뿐 돌아오면 다시 제자리인 모습을 보고 안타까워하기도 했다.

하지만 김 대표는 포기하지 않고 계속 노력했다. 여러 스타트업들이 모이는 밋업 meetup 도 같이 가고, 현지의 이용자들을 찾아서 함께 인터뷰하며, 이런 것들을 현지 관광과 엮어서 하다 보니 자연스럽게 조직원들이 서비스와 서비스 이용자에 대해 애정을 갖게 되었다. 나아가 조직에 대한 애정도 갖기 시작했다고 한다. 덤으로 영어 실력도 늘고.

생각해 보면 당연하다. 자신이 기여해서 만든 제품을 쓰는 사람, 그것도 한국인이 아닌 외국인이 그 제품을 어떻게 여기는지를 직접 보고 경험하는 것만큼 동기 부여가 되는 것은 드물다. 싱가폴의 경우 루키를 이용하는 사람이 많은데 젤리버스 직원들은 싱가폴 여행 기간 동안 루키 고객들을 만나면 무조건 "우리가 만들었다"고 하면서 같이 어울려 놀았다고 한다.

싱가폴 고객들과의 만남의 시간

이런 멋진 조직을 꾸린 젤리버스는 2014년 11월 29일자로 제공 서비스 누적 다운로드 5천만을 돌파하는 위업을 세웠다. 직원 10명의 작은 스타트업에서 사진 편집 앱 하나를 파고들어 5천만 다운로드를 달성한 것은 세계적으로 대단한 기록이다. 그로스 해킹은 제품에 대해서만 할 수 있는 것이 아니다. 그로스 해킹은 사고방식이자 절차이기 때문에 사실상 모든 것에 적용해 볼 수 있으며, 적용해야 할 중요한 대상의 하나는 바로 조직이다.

젤리버스가 집중해서 보는 그로스 해킹 핵심 지표
- 월간 사용자 수
- 월간 앱 사용 횟수
- 앱 설치 비율 대비 앱 삭제 비율
- 구매전환율
- 제품 시작부터 종료까지의 이용 흐름
- 각 기능 사용률 비교(인기 없는 기능의 업그레이드 혹은 개편을 위해)
- 인기 필터군 선호도(젤리버스에게는 사진 필터가 제일 중요한 킬러 콘텐츠이기 때문에 기술뿐만 아니라 트렌드도 분석하기 위함)
- 제품별 사용자 연령층/성별 분포도

젤리버스 김세중 대표가 추천하는 그로스 해킹 도구

■ 플러리

김세중 대표는 구글 어낼리틱스도 써봤지만 젤리버스 앱의 경우 플러리가 더 잘 맞는다고 판단했다. 플러리의 단점은 유실되는 데이터가 약간 있다는 것인데 원하는 구조의 이용 행태 분석을 하기에는 플러리면 충분하다고 했다. 특히 이벤트 체크 기능과 이용 흐름 체크 기능을 많이 사용하고 있다.

■ 앱스태틱스

앱스파이어(Appsfire)라는 모바일 광고 회사에서 인수한 앱으로, 애플 앱스토어에서 매주 가장 인기 있는 앱을 정리하여 보여주는 유료 앱이다. 한 주의 인기 있는 앱들을 살펴본 후 다음 주와 다다음 주에도 계속 랭킹에 올라와 있는지 체크해서 지속적으로 눈여겨 봐야 할 잠재 경쟁자 및 시장의 주요 제품들을 확인한다. 스냅챗을 발견한 것도 이 앱이었다.

성과가 있는 마케팅을 효율적으로

: 박지희 부사장 :

요기요 YOGIYO(http://www.yogiyo.co.kr)는 한국의 대표적인 온라인 배달 음식 주문 서비스이다. 또 다른 대표적 배달 음식 주문 서비스인 '배달의 민족'이 한국에서 태어난 스타트업이라면 요기요는 20개국 이상에서 성공적으로 자리를 잡은 딜리버리 히어로 Delivery Hero의 11번째 글로벌 서비스이다. 한국에 최적화된 서비스를 제공하기 위해 브랜드 자체를 요기요로 변경하여 시작했다. 브랜드만 변경한 것이 아니라 여러 측면에서 딜리버리 히어로와는 차별화하여 독창적인 시도를 성공으로 이끌었는데 그 이면에 깔린 강력한 그로스 해킹을 지금부터 소개한다.

배달 음식점 광고가 아닌 배달 주문 처리 서비스

요기요가 2012년 6월에 서비스를 시작할 때는 '배달의 민족', '배달통'과 같은 모바일 앱 형태의 배달 음식 서비스가 있었다. 단, 이 서비스들은 배달 음식점이 광고비를 지불하면 앱을 통해 해당 음식점을 소개시키는 디렉토리 광고 서비스가 본질이었으며, 주문을 받아 처리해서 배달하는 서비스로는 요기요가 최초였다. 요기요는 딜리버리 히어로의 한국 로컬라이징 브랜드로 KPI Key Performance Indicator [111] 관리 방법이나 참고할 만한 우수 사례 등을 차용했지만, 제품 개발이나 마케팅 의사 결정 등 기업의 핵심 활동들은 모두 자체적으로 진행했다.

> "굳이 딜리버리 히어로와 같은 비전(맛있는 최고의 음식을 편리하게 먹게 해 준다)을 지켜야 한다고 생각했던 건 아닌데 먹을 것 가지고 장난치지 말고, 약속한 부분은 지키자고 생각하며 운영하다 보니 결국 같은 그림을 그리고 있더라고요."

요기요의 마케팅을 총괄하고 있는 CMO Chief Marketing Officer 박지희 부사장의 이야기이다. 위와 같이 자연스럽게 공유된 비전을 토대로 제품 개발을 포함한 실제 액션은 한국 시장에 맞게 독자적으로 진행할 수 있는 상황에서, 디렉토리 광고 서비스가 아닌 배달 주문 처리 서비스에 집중하다 보니 자연스럽게 다음 사항들을 반영한 초기 제품 개발이 이루어졌다.

- 터치를 최소화한다.
- 연락처와 배달 주소만 있으면 된다
- 회원 베이스로 무언가 데이터를 쌓아서 하는 것보다는 간편하고 빠르게 하는 것이 우선이다. 따라서 회원가입도 주문 마무리 이후 추가 혜택 제공을 위한 옵션으로 뺀다.

"이렇게 해서 나온 앱에 대한 고객 피드백 중 많았던 것은 '공대생이 만든 앱 같아요'였습니다.[112] 군더더기 없이 최대한 간편하고 빠르게 처리하는 것에 최우선순위를 둔 결과라고 생각합니다."

위 원칙대로 만들어진 요기요의 서비스 이용 프로세스는 '홈 > 음식점 목록 > 음식점 상세 & 메뉴 > 장바구니(주문표) > 결제 및 주문완료'의 명확한 단계로 구성되었다. 요기요를 높게 평가하는 사람들 모두 리뷰에서 주문 단계가 간단하고 편리하다는 말을 하며, 이런 명확한 단계는 자연스럽게 그로스 해킹에서 중요한 개념인 깔때기(퍼널 funnel)를 만들었다.

"보통은 퍼널에서 뒤로 갈수록 많이 걸러지지만, 뒤로 가도 넓은 깔때기 모양이 나오도록 최대한 집중했습니다. 서비스를 출시하고 몇 개월은 매일매일 이 퍼널 데이터만 보고 있었어요. 홈에서 음식점 목록으로 넘어가는 첫 번째 퍼널 전환율이 80~90%였습니다."

이 정도면 첫 번째 퍼널 전환율로는 상당히 좋은 결과이다. 박지희 부사장의 말에 따르면 퍼널의 시작인 홈에서 제시하는 핵심 메시지는 "어디로 배달해 드릴까요?"였다. 이런 메시지의 선정과 자리 매김은 다음 퍼널로의 전환에 상당한 영향을 미친다. 하지만 가장 중요한 요인은 마케팅을 통해 홈으로 끌고 온 트래픽의 질과 성격이라고 그녀는 이야기한다. 고객을 끌고 온 채널에서의 CTR Click Through Rate [113]이 높고 CPC Cost Per Click [114]가 좋게 나와도 전환율이 낮으면 좋은 트래픽이라고 할 수 없다. 왜냐하면 해당 채널에서의 노출이 클릭으로 이어져서 최종적으로는 전환이 되어야만 의미 있는 고객 확보라는 결과로 이어지기 때문이다. 요기요에서는 고객에게 접근하는 채널별로 CAC Customer Acquisition Cost(고객 확보 비용)가 적당하느냐 아니냐를 기준으로 항상 의사결정을 했다. 고객 한 명을 전환시켜 확보하는 데에 들어가는 모든 비용을 고려하는 것이다.

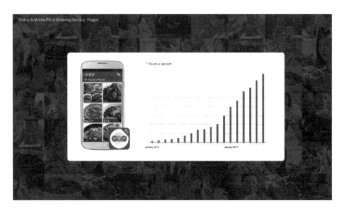

요기요의 매출 성장 추이

2012년 말까지는 CAC 기준으로 운영을 했는데 좀 더 정교하게 성과를 측정해야겠다는 생각이 들도록 하는 계기가 있었다. 할인쿠폰 캠페인을 진행해서 고객 확보 비용이 꽤 싸게 나왔는데, 이렇게 확보된 고객들에 대해 코호트 분석을 해 보니 확보된 다음 달부터 실제 매출 기여도는 너무 낮았다. 즉, 캠페인을 한 채널로부터 할인쿠폰만 사용하고 서비스에서 빠지는 체리피커가 많이 유입되었던 것이다. 일반적인 키워드 광고로 유입된 고객들의 CLTV Customer Life Time Value [115]가 상승 곡선 형태라면 이 고객들의 CLTV는 바닥을 기고 있었다. 이 일을 계기로 CAC와 CLTV가 만나는 점에 도달하는 기간을 팀의 KPI로 잡게 되었다. 즉, 고객이 회사에 제공하는 매출이 최소한 그 고객을 확보하는 데에 들어간 비용을 만회하는 수준에 도달하는 기간을 어떻게 해서든 줄이는 것이 팀의 목표가 되었다. 어떤 회사나 해당 목표에만 집중할 수 있을 때는 이것이 가장 과학적이면서 가장 현실적이고 상식적인 기준이라고 말할 수 있다.

> "다른 경쟁사들은 주로 코리안 클릭 116의 데이터를 기준으로 보도 자료를 많이 내는 편입니다. 체크하고 참고는 하지만 그에 따라 우리의 행동이 좌지우지되지는 않습니다. 내부에서 나온 온전한 데이터를 가장 신뢰합니다."

방문자 수나 페이지뷰는 앞에서 다루었듯이 허영 지표가 될 가능성이 높다. 실제 성과에 직접적으로 이어지는 지표가 바로 그로스 해커가 추구하는 지표이다. 박지희 부사장은 그런 의미에서 언급을 한 것이며, 그런 지표로 마케팅하는 것에는 큰 의의를 두고 있지 않다는 이야기이다. 이와 같이 요기요는 제품의 개발과 운영에 직결된 마케팅 모두에서 그로스 해킹에 굉장히 충실한 절차 및 접근 방법을 통해 엄청난 매출 성장을 거쳐 시장의 선두로 올라섰다.

IPTV 광고의 신기원을 이룩한 요기요

한국 시장에서 사업을 시작한 후 어느 정도 성공의 가능성이 보이자, 딜리버리 히어로에서 먼저 본격적으로 TV 광고를 하면 어떻겠냐는 제안을 했다. 딜리버리 히어로의 경우 TV 광고가 굉장히 효과가 있었기 때문이다. 박지희 부사장은 이 제안을 받았을 때 솔직히 부담스러웠다. 유럽과 달리 우리 나라는 TV 광고 방송 단가도 비싸지만 제작 단가도 많이 비쌌기 때문이다. 지상파 광고를 하려면 몇 억 정도의 광고비로는 턱없이 부족할 것이고, 한국 TV 광고 시장은 패키지라는 관습이 있어서 잘 안 팔리는 광고 상품과 패키지로 묶어서 구매를 해야 했기 때문에 선뜻 손이 가지 않았다. TV 광고와 비슷한 속성을 지닌 모든 채널을 열심히 조사해서 내린 결론이 바로 IPTV 였다. 박지희 부사장은 왜 IPTV를 선택했을까?

"그때가 2012년 9월, 서비스 출시한 지 3~4개월이 되던 때였어요. 그 당시 IPTV는 광고주에게 인기가 없는 채널이었습니다. 그래서 당연히 광고 단가도 저렴했는데 가격은 둘째치고 CPM Cost Per Mil [117] 기반이라서 너무 좋았습니다. 일반적인 TV 광고가 GRP Gross Rating Points [118] 같은 지표들로 패키지가 구성되는 것에 반해 IPTV 광고 상품은 거의 온라인 마케팅과 유사한 형태로 되어

있었습니다. 제 입장에서 더욱 매력적이었던 것은 타
기팅이었어요. 지역별, 시간대별, 프로그램 카테고리별
(스포츠 중계, 미국 드라마 등)로 구분하여 광고를 내
보낼 수 있었고, IPTV에 가입한 가정의 기본 프로필을
통해 대략적인 인구 통계의 특성도 파악하여 타기팅에
활용할 수 있었습니다. 그래서 적은 금액으로 IPTV에
서 TV 광고를 시작해 보았습니다."

처음에는 효과가 미미했는데 2~3주에 걸쳐 적은 금액으로
광고를 집행해 보았더니 될 것 같다는 느낌이 왔다고 한다.
비슷한 페이스로 1개월을 해 보니 매출로 이어지는 실질적인
효과가 확실히 발생했다. 각 시간대에 발생하는 매출을 뽑아
서 히트맵을 그려 보니 광고를 통한 매출 상승의 선후 관계
가 꽤 명확히 나왔다. 이런 데이터들을 보면서 시간대도 더
욱 세밀하게 타기팅하여 효율을 높였다. 그 다음에는 지역별,
프로그램 카테고리별 등 다른 요소들을 모두 대비해 보면서
그 효율을 측정했다. 이런 종합적인 데이터를 바탕으로 IPTV
사용자와 요기요 사용자의 매칭이 가장 높을 시간대로 정밀
타기팅해서 운영했다.
요기요가 IPTV에 광고를 집행한 시기를 회상해 보면 마치
IPTV만 틀면 무조건 요기요 광고가 나오는 것처럼 느껴졌

요기요 IPTV 광고 영상 모습

었다. "대체 광고를 얼마나 하는 거야?"라는 생각이 들 정도
로……

"이렇게 1년을 했더니 요기요가 마케팅 예산에 월 20
억을 쓴다는 기사가 나왔더라고요. '역시 돈 많은 외
국계 회사가 뒤에 있는 스타트업이니까 저렇게 돈을
펑펑 쓴다'는 곱지 않은 시선도 있었고요. 사실 저희
가 쓴 돈은 2억도 안 됩니다. 광고 집행 결과 리포트를
워낙 많이 달라고 하니 대행한 랩사에서 싫어했어요.
IPTV에서도 이런 리포트가 나오는지 요기요 때문에
알게 됐다는 랩사도 있었죠."

이렇게 1년 동안 IPTV를 계속 파고들다 보니 박지희 부사장은 자연스럽게 IPTV 광고 전문가가 되었다. 워낙 성과가 좋았기 때문에 독일에서도 깜짝 놀라서 대체 TV에서 어떻게 이런 CAC가 나올 수 있느냐고 하면서 유럽에서 우수 사례로 발표해 달라는 요청도 받았다고 한다. 이렇게 요기요가 성공하고 나니까 지금은 IPTV에 광고를 싣는 단가가 3배 가까이 올랐고, 심지어 시간대를 맞추려면 할증 요금을 내야 하는 정책도 생겼다. 현재는 자동차, 아웃도어, 카드사들이 많이 활용하고 있는 상황인데 요기요만큼의 통찰과 성과를 얻으려면 예전 대비 최소 10배의 광고비를 써야 할 것이라고 박 부사장은 이야기했다. 인상된 광고 단가로 인해 효율이 감소해서 요기요 역시 예전 같이 집중하지는 않는다고 한다.

요기요는 고도로 체계적인 IPTV 광고를 통해 성장의 기반을 마련했고, IPTV 광고 시장은 요기요 덕분에 새로운 매출 아이템을 만들었다. 2013년 기준, 전월 대비 매출 성장률이 월평균 30~35%로 급성장했고, 본격적으로 감을 잡았다 싶었을 때는 성장률이 월 90%였다. 이 모든 지표는 허영 지표가 아닌 실질 매출 기준이며, 앱이나 사이트 방문 트래픽 기준으로는 훨씬 더 컸다. 반면, 이런 성공 뒤에는 시장의 카피가 필연적으로 뒤따를 수밖에 없었다.

"버스 옆구리에 몇 가지 최적화 기법을 적용해서 매핑 광고를 했는데 처음에 예상했던 것보다는 꽤 효과가 좋았습니다. 이렇게 하고 나서 3개월이 지나니까 경쟁사에서 바로 똑같이 하더라구요. 그렇게 되자 단가가 많이 올라가서 그만 두었습니다. 네이버 키워드 광고 결과를 토대로 구글 플레이 앱스토어에서도 ASO App Store Optimization [119]를 적용하여 테스트했습니다. 그 결과를 갖고 다시 앱 설명을 최적화했구요. 그렇게 한 지 얼마 되지 않아서 경쟁사의 앱 설명이 토시 하나 틀리지 않고 똑같아졌습니다."

시장을 선도하는 업체의 활동은 항상 경쟁자 및 후발주자가 고스란히 따라 할 수 있다는 위험을 감수해야 한다. 하지만 그로스 해킹의 근본은 실험하고, 그 결과를 분석하여 창조적인 수단으로 성과를 만드는 끊임 없는 혁신에 있다. 이러한 과정이 쌓이다 보면 겉으로 드러나는 것을 복제해서는 절대로 같은 성과를 낼 수 없는 경지에 도달하게 된다. 그로스 해커가 두려워해야 할 것은 경쟁자의 카피가 아니라 스스로의 나태함이고, 요기요는 이런 관점에서 훌륭한 그로스 해킹을 하고 있다고 볼 수 있다.

서비스의 본질을 혁신한 요기요의 그로스 해킹

"사실 요기요에서 진짜 데이터쟁이에 그로스 해커는 제가 아니라 COO Chief Operation Officer를 맡아 콜센터 운영, 인력 구성 등 전체 서비스 오퍼레이션을 총괄하고 있는 독일인 부사장입니다. 별명이 엑신(엑셀의 신)이에요."

그는 전략 컨설턴트 출신으로 원래 딜리버리 히어로 독일에서 현지 시장을 조사하기 위해 파견된 직원이었다고 한다. 그런데 한국 시장을 조사해 보니 성장 가능성이 엄청난 곳이라는 판단을 내려 독일에서의 자리를 자발적으로 사직하고 요기요의 부사장으로 참여하였다.

요기요는 배달 음식 주문자와 배달 음식점 점주를 연결하는 서비스이기 때문에 양쪽 모두 상당한 신경을 써야 하는 사업 구조이다. 주문의 경우 독일이나 유럽은 웹 사이트를 이용한 주문이 전체 매출의 50% 이상을 차지하지만 한국은 매출의 90% 정도가 모바일에서 발생할 정도로 스마트폰 앱에서 알아서 전개된다. 하지만 점주의 경우 IT 기술에 익숙하지 않은 사람들도 있다 보니 간혹 매장에 설치된 요기요 단말기를 끄고 켜는 것을 사람이 직접 통제할 필요도 있다. 현실적으로 서비스가 높은 품질을 유지하려면 콜센터를 통해 중간에 전화로 챙겨야 할 부분도 여전히 존재한다. 즉, 서비스를 잘 운영하기 위해 투자해야 하는 자원이 정말 많은 것이다. 독일인 부사장은 이런 부분들을 모두 고려하여 방대한 데이터 분석을 통해 의사결정하고, 최대한 효율적이면서 최적 상태의 자원을 투입하여 서비스를 운영하고 있다. 이와 관련하여 마케팅과 기술, 서비스가 모두 결합된 상당히 모범이 될만한 그로스 해킹 사례가 하나 있다.

> "요기요로 주문을 하면 실제로 그 음식이 눈앞에 배달되는 확률이 예전에는 몇 %였다고 생각하세요?"

박지희 부사장의 뜬금 없는 질문이었다. 왠지 100%는 아닐 것 같다는 생각에 대략 92%라고 넘겨 짚었는데 정답이었다. 왜 돈 내고 주문하겠다는데 5~10%의 실패가 발생하는 것일까? 배달하고 오는 중에 사고가 나는 것일까? 서비스의 데이터 분석을 통해 나온 결론은 주문이 들어와도 처리할 수 없는 상황에서 대부분의 실패가 발생한다는 것이었고, 처리할 수 없는 상황의 구체적인 원인은 바로 배달 가능 지역 설정 자체에 있었다. 예를 들어 강남구 역삼동에 있는 어떤 아파트에서 역시 강남구 역삼동에 있는 배달 음식점에 주문을 한다고 해

보자. 언뜻 봐서는 아무 문제가 없어 보이지만 사실은 그 동의 면적이 크거나 배달하는 음식점의 여러 사정에 의해 음식점마다 실제 배달 가능한 구역은 그 동의 일부분일 수도 있고, 혹은 다른 동까지 가능할 수도 있다.

"회사 내에 '성공률 향상팀'이 있습니다. 팀의 리더가 COO이죠. 요기요 서비스의 모든 프로세스를 추적하고 분석하고 개선해서 매출을 만드는 최종 성공률을 높이는 일에 몰두하는 팀입니다. 이 팀에서 배달 실패가 발생하는 모든 음식점들의 데이터를 다 파고들었고 그 결과 행정 구역 기반의 음식 배달은 처리가 불가능한 구멍이 많다는 것을 발견했습니다. 그래서 이를 해결하기 위해 폴리곤 지도 시스템을 개발했습니다. 개발 자체는 그렇게 많이 어렵지 않았지만 점주들을 찾아가서 실제 배달 가능 지역을 지도 상에 선을 그어 입력하게 하는 작업을 하는 등 운영과 실행이 어려웠습니다. 이렇게 구축한 폴리곤 지도를 통해서 주문 고객의 스마트폰 GPS를 판별하여 그 지점에 실제로 배달이 가능한 배달 음식점을 보여 주었고, 그 결과 배달 실패율을 거의 0%에 가깝게 줄였습니다. 이렇게까지 하는 곳은 이 업계에서는 거의 없었습니다."

요기요가 새로 만든 폴리곤 배달 지도 시스템

기술과 마케팅의 결합을 통해 제품 자체를 개선하여 만드는 성장이다. 그로스 해킹의 근본 정신이자 추구하는 이상향에 딱 맞는 훌륭한 사례라고 할 수 있다. 창업부터 지금까지 그로스 해킹 마인드로 똘똘 뭉쳐 있는 요기요이기에 가능한 결과가 아닐까?

박지희 부사장, 그리고 팀

박지희 부사장은 요기요에 합류하기 전에 인터컨티넨탈 호텔 그룹 InterContinental Hotel Group에서 퍼포먼스 마케팅 Performance Marketing 을 성공적으로 이끈 뛰어난 디지털 마케터이다. 마케팅 기반의 그로스 해커라고도 할 수 있다. 하지만 그녀가 이끄는 팀 멤버 상당수는 다른 분야의 경력이 있거나, 숫자 기반 마케팅에 전혀 경험이 없는 사람, 심지어 요기요가 첫 회사인 사람도 있었다. 그럴 수밖에 없는 것이 스타트업이기 때문이다. 박부사장은 어떻게 성과를 내는 우수한 팀을 만든 것일까?

> "입사하고 첫 6개월은 일과 교육을 동시에 할 수밖에 없었습니다."

1주일에 두 번씩 정기 미팅을 하면서 업무에 사용되는 여러 데이터가 각각 왜 의미 있는 데이터인지 반복해서 매번 설명했다고 한다. 그리고 '테스트 > 실행 > 최적화'의 주기를 항상 강조하며 KPI도 습관적으로 공유했다. 특히 조직원 각자가 맡아서 운영하는 채널에 대해 월요일에 보고 하는데(배달 음식은 주로 주말에 많이 시켜 먹기 때문), 이 보고서를 받을 때마다 매번 피드백을 주었다. "의미 있는 데이터인지 재차 고민해 보고, 보고서를 받는 상대방 관점에서 정말 필요로 하고 보고 싶어 하는 데이터인지 생각해 봐라"가 피드백의 핵심이었다. 채널마다 봐야 하는 특성이 달라 처음에는 아예 포맷 자체를 주지 않고 어떤 식으로 다르게 들고 오는지 관찰하기도 했다.

> "포맷이 가면 갈수록 진화되는 것을 보면서 보람을 느

겼어요. 광고 대행사에서 1년 정도 경력이 있는 사람들은 업무 보고를 할 때 주로 클릭 수나 CPC와 같은 허영 지표를 내세웠는데, 이런 거 필요 없으니 실제로 도움이 되는 전환율과 CAC를 보여달라고 닥달했죠. 잘못된 습관입니다. 한편, 요기요에 입사하기 전 디자인을 담당하던 친구를 웹 디자이너로 뽑았는데, 어느 날 캠페인 아이디어를 들고 왔어요. 예상 트래픽 및 다른 캠페인의 기존 데이터를 봤을 때 어느 정도의 CAC가 예상되고 어떤 이용자 유지율이 가능하기 때문에 어떻게 하면 좋겠다는 안을 엑셀 그래프와 함께 들고 온 거에요. 감동이었습니다."

웹 디자이너로 뽑았지만 감각이 있었고 그 감각이 박 부사장의 교육을 통해 제대로 발현되고 계발된 것이다. 그 디자이너 출신 직원은 현재 요기요 오프라인 마케팅 전담 팀장이다.

그로스 해커에 어울리는 자질은 분명히 존재한다. 하지만 타고난 자질을 발견하기 위해서도 그리고 부족한 부분을 계발하기 위해서도 필요한 것이 바로 데이터 및 지표에 대한 끊임없는 추구와 현상에 대한 반복적인 고민, 지속적인 교육, 자기 학습과 연습이다. 이런 과정이 조직 차원에서 이루어지면 우수한 그로스 해킹 팀이 만들어질 수 있다.

요기요를 이끄는 핵심 멤버들. 오른쪽 세 번째가 박지희 부사장

요기요가 집중해서 보는 그로스 해킹 핵심 지표

- CAC(고객 확보 비용)
- CLV(또는 CLTV, 고객 생애 가치)
- 제품의 퍼널별 전환율
- 주문 처리 성공률
- 고객만족센터 콜 서비스율

요기요 박지희 부사장이 추천하는 그로스 해킹 도구

■ 엑셀

가장 훌륭한 도구는 엑셀이라는 답변이었다. 구글 어낼리틱스는 제대로 알고 깊게 사용할 때에 뛰어난 가치를 낼 수 있다고 평가했다.

■ 옵티마이즐리(Optimizely)

마케팅팀에서 사용하는 것은 아니지만 제품 개발팀에서 A/B 테스팅을 할 때 즐겨 쓰는 도구다.

고객을 위한 막노동에서
답을 찾은 그로스 해킹 초보

: 헬로마켓 한상협 공동창업자 :

헬로마켓(http://www.hellomarket.com)은 한국을 대표하는 모바일 중고 거래 장터 서비스이다. 국내 온라인 중고 거래 는 전통적으로 네이버 카페 '중고나라'가 시장을 대부분 점유 하고 있었다. 카페라고 하니 동호회를 떠올리기 쉽지만 중고 나라의 경우 거의 거대한 기업에 버금갈 정도로 많은 중고 거 래가 이루어지고 있다. 중고 거래에 대한 시장 수요가 확실히 크다는 뜻이다. 시장 수요가 크지만 중고 거래는 태생적으로 사기라는 위험을 안고 있기 때문에 이 문제가 해결되지 않으 면 성장 속도가 느릴 수밖에 없는 영역이기도 하다. 헬로마켓 은 이런 문제들을 해결하면서 중고 거래를 하고 싶은 개인의 욕구를 충족시키는 것에서부터 출발하여, 궁극적으로 개인과 개인 사이의 거래를 활성화시키는 데에 기여하겠다는 비전을 갖고 출발했다.

헬로마켓 모바일 앱 소개 화면

앞으로 모든 상거래의 글로벌 화두는 O2O Online to Offline와 개인 간 거래, 공유 경제이다. 이 흐름에서 중요한 역할을 하고 있는 헬로마켓은 특이하게도 수익 모델이 없다. 즉, 중개 형태의 거의 모든 전자상거래 서비스가 취하고 있는 상품 등록 수수료, 거래 완료 시 부과되는 중개 수수료가 0이다. 회사 운영을 위한 최소한의 비용은 이 비전과 팀에 공감한 투자자들의 적지 않은 투자금으로 충당된다. 굉장히 특이한 회사지만 초기 사업에서 가장 중요한 '잘 버티기'를 성공적으로 하고 있고,

헬로마켓을 통한 거래 규모가 커지면서 실질적인 성장이 알차게 이루어지고 있다. 헬로마켓은 어떻게 시장을 성장시키고 있는 것일까?

모바일이 답이라는 것을 알려 준 제품 시장 궁합

"진짜 아무것도 몰랐습니다."

한상협 공동창업자의 이 짧은 한 마디에서 인터뷰가 시작되었다. 헬로마켓의 창립 멤버들은 전략 컨설턴트 및 대기업 미국 지점장, 국제 변호사, 예일대 및 하버드 졸업생에 나이도 30대 후반 이상으로, 이미 양과 질 차원에서 상당한 수준의 사회 경험을 한 사람들이다. 저런 이야기가 나오면 당연히 의아해질 수밖에 없다.

"비전, 비전에 대한 믿음, 열정 그리고 약간의 아이디어만 있었습니다. 스타트업의 실체가 어떤 것인지도 전혀 몰랐고, 심지어 개발이 얼마나 중요한지도 처음에는 하나도 몰랐습니다. IT 제품을 만들어야 하는 회사인데 초기 창립 멤버에 개발자가 한 명도 없었으니 말 다했죠. 정말 운 좋게 훌륭한 CTO Chief Technology Officer

를 동업자로 모시게 되어 시작할 수 있었습니다. 헬로마켓이 잘 되고 있는 이유의 95%는 개발팀에 있다고 생각합니다. 정말 맨땅에 헤딩하며 계속 실수하면서 배우며 여기까지 왔습니다."

헬로마켓의 초기 모토는 '모바일 앱 퍼스트 Mobile App First'였다고 한다. 역시 선견지명이 있었다는 생각을 하며 그 구체적인 이유를 물어보니 엉뚱한 대답이 나왔다.

"처음에 모바일 앱 퍼스트라고 한 이유는 시장 예측과는 달리 앞으로 어느 정도는 여전히 모바일보다 웹이 더 클 것이라고 생각해서였습니다. 앱 시장이 성장하더라도 이용자의 행동은 그에 비해 더 천천히 진행될 것이라고 창립 멤버들은 판단했습니다. 그런데 왜 저렇게 모토를 잡았냐 하면 웹을 제대로 만들려면 시간이 많이 필요한데 모바일 앱은 화면도 작아 아무래도 개발을 빨리 할 수 있을 것이고, 웹 서비스는 네이버에 유료 광고를 집행하지 않으면 쉽게 노출되기 어려운데 앱은 초창기이다 보니 이슈가 되어 상대적으로 잘 노출될 수 있겠다고 생각했죠. 즉, 메인은 웹 서비스지만 앱을 일종의 마케팅적인 매력 요소로 잡아서 웹으로 끌고 오는 전략이었습니다. 그래서 저 모토가 나온 것입니다."

헬로마켓 앱 실행화면. 2014년 12월 2일 기준 571만 개가 넘는 거래 물건이 등록되었다

한마디로, 소 뒷걸음질 치다가 쥐 잡은 격이었다. 모바일은 단지 마케팅을 위한 구실로 먼저 시작한 것이었는데 정작 시장은 이들의 예상을 완전히 뒤엎고 모바일이 기존의 웹을 잡아먹어 버렸다. 사실 모바일 앱을 개발하면서 웹 사이트도 같이 개발했었다. 이 웹 서비스를 만들면서 여러 가지 기능과 기술을 정말 많이 고민했는데 대표적인 것이 실시간 채팅이었다. 너무 쉽게 생각하기도 했고 빠른 시간 안에 개발을 하다 보니 테스트가 충분하지 않아 이런 기능들에 결함이 있었던 것도 사실이지만, 다 체크해 보니 고생해서 준비한 기능들은 결과

적으로 이용자들이 거의 사용하지 않았고, 웹 사이트 자체의
접속과 이용률이 모바일 앱에 비해 현저하게 낮았다. 이 흐름
은 지금도 마찬가지이다. 어찌 보면 헬로마켓의 시작은 전형
적인 린 스타트업이나 그로스 해킹의 방법론과는 정반대로
이루어진 것이다.

> "그때 만약 고집을 부렸다면 우리는 백발백중 망했을
> 겁니다. 다행히 우리는 고집을 세우지 않고 현재 상황
> 을 있는 그대로 받아들였어요. 고민해서 수립한 방향
> 과 고생해서 만든 제품이지만 시장에 맞지 않고 이용
> 자가 사용하지 않는 것을 고집하면 안 된다고 생각했
> 고, 마케팅을 위한 가짜 모바일 앱 퍼스트가 아니라 진
> 짜 모바일 앱 퍼스트로 바로 전환했습니다."

여기서부터 헬로마켓의 그로스 해킹이 시작되었다고 볼 수
있다. 최소 존속 제품을 통해 시장의 반응을 살피면서 계속해
서 제품 시장 궁합을 찾는 작업이 시작되었다.

이용자의 입장이 되는 것이 그로스 해킹의 정답

"1명의 이용자는 완전 소중한 금덩어리입니다. 그 고객의 모든 행동과 편의에 집중하게 됩니다. 고객이 너무나 소중하기에 고객의 일거수일투족을 다 배려해야 합니다. 고객을 단순히 집단으로 묶어 숫자로 생각하고 분석하기 시작하면 그 때부터는 소중하다는 느낌이 떨어지고 결국 망하는 지름길로 가게 됩니다."

당연히 맞는 이야기지만 이 이야기를 하는 한상협 공동창업자의 표정은 거의 비장함마저 느껴질 정도였다. 대체 무엇이 이런 자세를 만들었을까? 답은 제품 자체에 있었다. 이용자들 사이의 거래이다 보니 서비스 흐름의 상당 부분에 이용자가 깊게 관여하며 활동하고 있었다. 게다가 앞서 언급한 사기 문제와 같은 태생적인 어려움까지 존재하기 때문에 중고 거래 시장을 활성화시키는 서비스는 건강하게 살아남는 것 자체가 굉장히 어려운 분야라는 점에 주목해야 한다. 헬로마켓에서 중고 물품 거래를 완료한 이용자 한 명은 한상협 공동창업자를 포함한 헬로마켓의 식구들에게는 아마 척박한 토양에서 용케도 살아남아 대견하게 싹을 틔우고 자라 열매까지 맺은 과일 나무와 같은 느낌으로 다가왔을 것임에 틀림없다.

그렇다면 저런 비장미가 충분히 이해된다. 그리고 이런 일이 있었다고 한다.

"서비스를 시작하고 세 달이 지나면서 이용자가 1천 명 정도 되니 시장이 좀 돌아간다는 느낌이 들었습니다. 그런데 전사적으로 비상이 걸린 일이 하나 터졌습니다. 저희 고객 한 분이 중고 거래 사기를 당한 거에요. 중고 거래 시장에서 사기라는 것은 있을 수 있는 일로 생각할지 모르지만, 그런 일이 없어야 된다는 신념으로 일하고 있는 우리 모두에게는 정말 엄청난 충격이었습니다. 그래서 그 즉시 비상 대책반을 만들어서 이 고객 한 분의 문제를 해결하기 위해 노력했습니다. 경찰서도 가고, 범인을 잡으려고 직접 수소문하기도 하고, 사기를 당한 입장에서 경험해 볼 수 있는 모든 것을 같이 경험하며 문제를 해결하려고 했습니다. 나중에 돌이켜보니 결과적으로 정말 엄청난 시간과 인력을 투입했더라고요. 하지만 그 과정에서 무엇과도 바꿀 수 없는 소중한 것을 얻었습니다. 안 좋은 일을 겪게 된 이용자가 어떤 느낌을 갖게 되고 어떤 상황에 처하게 되고, 이런 일을 해결하거나 예방하려면 어떻게 해야 하는지를 구체적으로 몸으로 터득하게 되었습니다."

이 이슈는 헬로마켓의 핵심 기능으로도 연결되었다. 헬로마켓은 고객의 서비스 이용 만족도를 높이기 위해 필터링, 소위 물 관리를 철저히 한다. 중고 거래 장터에서 문제가 되는 활동을 하는 이용자들을 최대한 걸러내어 믿을 수 있고 편리한 중고 거개를 건강하게 할 수 있는 환경을 만드는 것이다. 그런 측면에서 도입한 기능이 바로 더치트 The Cheat(http://www.thecheat.co.kr)와의 제휴를 통한 필터링이었다. 더치트의 김화랑 대표는 네이버 중고나라에서 중고 거래 사기를 당한 이후 그런 피해가 줄어들기를 바라는 마음에 더치트를 만들었다. 이 웹 사이트는 한마디로 각종 거래 장터에서 나쁜 짓을 한 사기꾼이나 악성 이용자들의 블랙리스트를 이용자들이 직접 올려 공유하는 공간이다. 결과적으로 더치트는 한국 최대의 사기 범죄자 블랙리스트 데이터베이스가 되어 대한민국 사이버 치안 대상도 받았다. 헬로마켓에게는 정말 강력한 파트너일 수밖에 없었고, 그래서 제휴를 통해 더치트의 데이터베이스를 헬로마켓과 연동함으로써 문제가 있는 이용자들을 사전에 필터링하는 데에 활용하여 서비스 환경을 개선했다.

이후 단순한 데이터 이용에 그치지 않고 헬로마켓이 내부 데이터와 결합하여 자체적인 분석을 통해 문제 없이 이용자들이 중고 거래를 할 수 있는 환경으로 계속 진화시켜 나갔다. 나중에는 이와 관련된 분석과 운영 시스템을 만들었지만 처

헬로마켓의 중요한 이정표가 된 안드로이드용 앱을 마켓에 등록한 순간

음에는 운영자가 일일이 직접 보고 손으로 작업하는 막노동을 할 수밖에 없었다. 하지만 잘 정돈된 시스템을 만들 수 있었던 것은 이런 '노가다' 덕분이었으며, 결국 일만 시간의 법칙이 통한다는 것을 한 이사는 절감했다고 한다.

"그 사건이 있었을 때 서비스 운영자 입장에서 적당히 피하고 무마하려고 했다면 할 수 있었을 겁니다. 하지만 우리는 그렇게 하지 않았어요. 정면으로 부딪쳐서 돌파하지 않으면 안 되는 일들이 있습니다. 스타트업에는 특히 많아요. 그리고 그 계기를 통해 헬로마켓의 운영 정체성이 확고해졌습니다. 문제를 만나면 피하거나 적당히 넘어가지 말고 무조건 부딪쳐서 해결한다는 것입니다."

고객과 소통을 하는 공간과 시간을 만들어야 한다

고객을 최우선으로 하는 사업이라면 고객 지원도 최우선으로 생각했을 것이다. 그런데 헬로마켓은 처음에는 고객 지원이 그렇게 중요하지 않다고 생각했다고 한다. 개인 사이의 거래를 중개하는 서비스이기 때문에 사실상의 커뮤니케이션이나 이슈 처리는 고객들 사이에서 알아서 이루어지는 것이지 중개하는 입장에서는 딱히 건드릴 것이 없지 않을까 막연하게 생각했던 것이다. 하지만 해 보니 전혀 아니었고, 오히려 고객 지원이 정말로 중요한 서비스였다. 개발을 제외한 나머지 모든 업무는 고객 지원이라고 할 정도로 몰입하면서 깨달은 것도 많고 얻은 노하우도 많았다.

"고객 지원은 사실은 결국 마케팅입니다. 고객 지원만큼 고객과 가까이 접할 수 있는 일이 없고, 그 말은 마케팅을 할 수 있는 최고의 채널이라는 뜻입니다. 입소문이 중요하다고들 많이 이야기하는데 입소문의 비법

중 하나가 뭔지 아세요? 고객이 서비스 운영자에게 욕을 하더라도 그 욕을 한 번 들어주는 것이 입소문의 기본입니다."

고객이 말할 수 있는 통로가 일단 있어야 하고 그 통로에 들어왔을 때 고객의 마음이 편안해지는 무언가를 제공하는 것이 핵심이라고 한상협 공동창업자는 이어서 이야기했다. 헬로마켓에서는 그런 '무언가'가 과연 무엇일까? 헬로마켓 앱에 보면 고객센터인 '헬마센터(헬로마켓을 간단하게 줄여서 헬마라고 부르며, 헬로마켓 임직원과 이용자 모두 헬마라는 표현을 훨씬 더 많이 사용한다)'가 있는데 헬마센터의 메뉴 중

헬로마켓과 대화하기 화면

하나로 '헬로마켓과 대화하기'가 있다. 이름 그대로 헬마의 고객들과 헬마가 직접 이야기를 나누는 공간이다. 공간 이용 안내 글에 댓글 형태로 질문, 신고, 제안, 후기 작성 등을 하고 그 댓글에 답변 댓글 형태로 헬마와 고객이 실시간으로 소통하는 공간인데, 작성되는 모든 글은 모두에게 공개되는 형태이다.

> "좋은 이야기든 나쁜 이야기든 다 공유합니다. 이용자 전체 관점에서는 서비스에 대한 나쁜 이야기도 굉장히 중요합니다. 이런 정책을 세우고 실행하는 데에 있어서 가장 중요한 것이 바로 서비스 운영자의 진정성입니다. 이 진정성은 결국 이용자들에게 느낌으로 전달되고, 그것은 고객 유지로 이어지며, 분위기화되어 리뷰와 입소문 마케팅으로 자연스럽게 확산됩니다."

예상 못한 효과도 있었는데, 나쁜 이야기도 노출하다 보니 헬마에서 거래할 때는 어떤 행동을 하면 안 된다는 것을 자연스럽게 학습시키는 효과가 발생했다고 한다. 개인 간 거래를 많이 해 보지 않은 사람은 거래할 때 기본 예의 같은 것을 잘 모를 가능성이 크다. 예를 들어 상대방이 대금을 입금하면 최소한 몇 일 이내에는 물건을 배송하는 것이 좋고, 늦어질 경우

양해 문자를 보낸다든가 해야 하는데, 이런 것들은 직접 경험해 보지 않고는 간과할 수도 있다. 이런 상황에 대한 투덜거림이나 질책 등을 '헬로마켓과 대화하기'에서 이용자들이 보면서 자연스럽게 건강한 거래 문화가 형성되는 효과를 확인할 수 있었다고 한 이사는 이야기한다.

한편, 이용자들이 업자에 대한 피드백과 신고도 알아서 잘해 주기 때문에 운영하는 데 실질적인 도움이 많이 되었다. 헬로마켓과 같은 서비스 및 사업 모델에서는 거래량이 성과 측정의 중요한 지표가 된다. 그런데 이 거래량을 높이는 가장 효율적인 방법은 바로 전문 업자의 활동을 허용하는 것이다. 개인의 거래량은 얼마 되지 않지만 전문 업자는 많은 양의 매물을 관리하면서 전문적으로 거래하기 때문이다. 헬로마켓도 이 사실을 잘 알고 있고, 주위에서의 권유도 있었지만 이 길을 선택하지 않았다. 전문 업자가 활동하면 피해를 보는 것은 일반 이용자이다. 헬로마켓의 임직원들은 개인간 거래를 건강하게 활성화시키는 것을 비전으로 삼고 있는데 이 비전에 정면으로 배치되는 것이다. 그래서 전문 업자의 활동에 대한 이용자 제보는 헬로마켓에게는 소중한 정보이자, 서비스와 사업의 정체성을 유지하고 발전시킬 수 있는 값진 힘이 된다.

"자원이 부족한 스타트업들은 서비스 개발에 가장 많은 신경을 써야 한다고 생각할 수 있지만 가장 큰 자원은 고객과의 만남에 투자해야 합니다. 그러려면 만남 자체를 즐기는 것이 중요합니다. 딱히 마케팅을 하지도 않았는데 어떻게 우리 앱을 찾아서 설치하시고 이용하시는지……. 그 고마움은 이루 말할 수가 없습니다. 이것이 우리 회사의 원동력입니다."

온라인 공간만이 아니라 오프라인 공간도 중요하다. 상수동 예전 사무실은 지금보다 더 작았고 당연히 별도의 회의실이나 칸막이 같은 것도 없이 다닥다닥 붙어서 일했다. 당연히 고객 지원을 담당하는 이사가 고객과 통화하는 내용이 전 직원에게 다 들렸다. 3년 동안 이런 환경에서 일을 했는데 시끄러워서 업무를 못하는 문제는 없었고, 오히려 모든 직원이 고객의 이야기를 자연스럽게 들으면서 몸으로 익히게 되었다. 한 번은 특정 기기와 OS 버전 조합에서만 일어나는 아주 드문 경우에 발생하는 버그 신고가 들어왔는데 전체 업데이트로 적용하기에도 문제가 있는 상황이었다. 누가 시키지도 않았는데 담당 개발자가 그 고객만의 전용 앱을 주말 동안 만들어서 제공했다.

"이 사례를 통해 기술적인 진보도 있었지만 정말 중요
했던 것은 고객을 소중히 하는 마음이 전사로 퍼졌다
는 것입니다."

고객과 함께 하는 온라인과 오프라인의 공간과 그 공간에서
지내는 시간. 시간과 공간이라는 물리 환경의 두 가지 중요한
자원은 고객을 이해하는 데에 투입해야 할 필수적인 자원이
라는 점을 헬로마켓이 여실히 보여 주고 있다.

상수동에 있던 예전 사무실 모습. 지금은 좀 더 넓어졌다

그로스 해킹을 대하는 우리의 자세

한상협 공동창업자는 그로스 해킹에 대해 제대로 스터디도 하고, 여러 가지로 계속 살피면서 느낀 점들이 있다. 우선 그 로스 해킹은 창업자라면 본인이 인식했든 인식하지 못했든 누구나 다 해 본 것이고, 이것을 안 해 봤다면 창업자라고 부르기에는 어딘가 무리가 있다는 것이다. 한편, 근래 그로스 해 킹에 관련된 세미나를 보면 통계와 데이터를 많이 내세우는 경향이 있는데, 과연 어떤 통계가 정말 중요하고 어떤 데이터 가 사업에 진짜 중요한지 어떻게 알아낼까? 그는 그 방법이 바로 고객이라고 이야기한다.

> "막노동으로 이용자가 좋아하는 것들을 파악하면서, 막노동으로 계속할 수 없는 것들을 시스템으로 만드는 것, 그것이 바로 그로스 해킹 아닐까요? 그로스 해킹이 라고 하면 뭔가 똑똑하고 효율적으로 빨리 하는 것을 떠올리는 것 같은데, 막노동을 너무 피하려고 하면 결 국 성공할 수 없다고 생각합니다. 그리고 답은 고객과 함께 하는 것에 있지, 고객을 숫자로 보는 것에 있지 않습니다."

이런 이야기를 하는 한상협 공동창업자는 사실 예일대와 하버드에서 수학하면서 수리 통계학으로 현상을 철저하게 분석하는 연구를 했었고 당시의 논문은 학계에서 상당한 반향을 불러일으킬 정도의 수준이었다. 한마디로 데이터와 분석이라면 도가 튼 사람이라는 이야기다. 그런 사람이 이렇게 이야기했다는 데에 주목해야 한다. 그로스 해킹에서 중요시하는 숫자는 허영 지표가 아니라 실질적인 성과와 직결되고 그 지표를 보고 구체적인 활동 지침을 만들어서 행동으로 옮길 수 있는 지표여야 한다. 그래서 영어로는 'actionable metric(행동해 볼 수 있는 지표)'라고 표현한다. 숫자만 바라보고 그 이면의 고객을 제대로 보지 못하면 처음에는 설사 허영 지표가 아닌 제대로 된 지표 중심으로 설계했다고 하더라도, 서비스가 성장하는 과정에서 그에 따라 봐야 할 지표가 변경되어야 할 때 올바른 선택을 할 수 없게 된다. 결국 제대로 된 데이터를 뽑아 제대로 된 분석을 하려면 먼저 고객을 몸으로 알아야 하는 것이다.

> "Build your own statistics! 구글에서 검색해서 서비스에서 중요한 지표가 무엇인지를 살펴보고 챙긴다는 것은 난센스 아닌가요?"

자신만의 숫자와 분석 방법론을 구축하라는 한상협 공동창업자의 말이 바로 그로스 해킹의 핵심 자세 중 하나이다. 누가 가르쳐 주는 것이 아니라 자신의 고객으로부터 자신이 알아내야만 한다.

"자기가 만든 서비스를 통해 자신과 전혀 관계없는 사람을 만나는 기회를 얻는 것은 굉장한 영광이고 기쁨입니다! 헬로마켓을 통해 수백억 원 정도의 돈이 개인들 사이에서 오고 갔어요. 그리고 그 돈은 누군가의 자녀의 등록금으로 사용되었고, 누군가의 결혼 준비금으로 사용되었죠. 이것이 진짜 보람입니다!"

수익 모델 없이 생존하고 있고 심지어 알차게 성장하고 있는 서비스 헬로마켓. 상당히 이치에 맞지 않아 보이지만, 그 이면에는 궁극적으로 추구하고자 하는 비전에 대한 신념과 그 신념을 눈에 보이는 것으로 만들어 주는 고객에 대한 열렬한 사랑이 자리잡고 있었다. 그렇다면 이해가 된다. 고객에 대한 사랑이 없는 그로스 해커는 쉽지 않은 길을 걸어야 한다.

"기본이 없는데 미세 조정에 너무 매달리면 안 됩니다."

새로운 사무실에서 찍은 헬로마켓 식구들의 단체 사진. 맨 왼쪽이 한상협 공동창업자

한상협 공동창업자가 강조한 두 번째 자세이다. 약간 불편해도 근본이 마음에 들어서 계속 쓰게 되는 서비스가 되어야 한다는 의미이다. 그 근본만 잘 다져지면 불편한 것들은 나중에 하나씩 해결해도 지속적으로 알차게 성장할 수 있다. 하지만 이 근본이 없으면 아무리 거름을 주고 가지를 쳐도 아예 성장 자체를 시작할 수 없다. 그는 이 관점에서 헬로마켓의 롤모델로 크레이그 리스트와 아마존을 꼽았다. 전자는 여전히 굉장히 투박하고 거칠지만 본질이 너무나도 필요하고 매력적인 서비스이고, 후자는 본질을 이미 해결한 이후에 끊임 없는 미세 조정과 진화를 통해 계속해서 고객을 푹 빠져들게 만드는 서비스이다.

식물이 제대로 성장하기 위해서는 양분을 빨아들이는 뿌리가 가장 중요한 것처럼, 그로스 해킹에서 가장 중요한 것 역시 뿌리이고, 이 뿌리가 바로 제품 시장 궁합을 토대로 제대로 만든 최소 존속 제품이라는 것을 명심해야 한다.

헬로마켓이 집중해서 보는 그로스 해킹 핵심 지표

■ **일일 아이템 등록 수**

- 무엇을 어떻게 해서, 등록 수가 어떻게 변화한다는 메커니즘을 아는 것이 중요
- 수시로 모든 경영진이 직접 헬로마켓에서 거래하면서 메커니즘을 체크.

■ **고객 유지(아이템 재등록 기준)**

■ **판매 완료 건수**

- 한 번 물건을 올렸는데 판매되는 것을 경험하면 다시 올릴 가능성이 많기 때문에 판매 완료 패턴과 아이템 재등록 패턴은 밀접한 상관관계가 있음.
- 서비스 속성상 판매 완료 여부를 100% 완벽하게 알 수는 없기에 아이템 재등록 지표와 함께 보고 있음.

서비스를 통한
서비스 디테일의 끊임없는 개선

: 위즈돔 한상엽 대표 :

위즈돔 Wisdome(http://www.wisdo.me)은 '사람도서관'을 지향하는 경험 공유 서비스이다. 도서관에 가면 다양한 분야의 수많은 책이 있어서 알고 싶은 지식을 다룬 책을 마음대로 골라볼 수 있다. 이처럼 위즈돔은 다양한 직업과 관심사, 취미, 지식, 경험을 갖고 있는 사람들이 만나서 서로가 가진 것을 나누고 공유하는 것을 추구하기 때문에, 사람도서관이라는 부제를 갖고 있는 서비스이자 소셜벤처이다.

전문적인 지식을 갖고 있는 개인을 자산화하여 연결시켜 주는 서비스 사업은 오래 전부터 여럿 있었다. 하지만 지속성을 확보하기가 쉽지 않았는데 사람으로 표상되는 전문 지식과

위즈돔에서 개설된 오프라인 만남

경험을 돈을 주고 구매하는 것에 대한 인식이 잘 확립되어 있지 않은 우리나라의 산업 및 사회 문화와 무관하지 않다. 오히려 위즈돔은 수익을 최우선 목표로 하는 것이 아니라 이러한 만남을 통한 사회 구성원들의 삶의 질 향상을 최우선으로 하는 소셜벤처이기 때문에, 이 함정에 빠지지 않았는지도 모른다. 결과적으로 위즈돔은 창업한지 곧 3년이 되는 기간 동안 생존을 넘어서서 성장을 이루었으며, 해당 분야의 선두 기업으로 자리매김하고 있다. 앞서 소개한 다른 서비스들에 비해 위즈돔의 서비스는 (온라인에서도 이루어지지만) 그 최종 결과물이 오프라인 현장에서 중개한 사람들간의 만남이라는

형태이기 때문에 보다 현장성이 강하다. 이런 상황에서 위즈
돔의 그로스 해킹은 어떻게 이루어졌을까?

서비스 근간에 대한 실험을 토대로 피벗에 성공

"그로스 해킹 관점에서 가장 기억에 남는 사건은… 서
비스를 시작하고 나서 6개월 후에 투자사와 한 달 동
안 엄청 싸웠던 적이 있었죠."

심상치 않은 말로 한상엽 대표의 이야기가 시작되었다. 그는
한국 사람들이 현재 맺고 있는 관계의 방식에 아쉬움이 있었
고 그것을 해결하려고 위즈돔을 만들었다. 즉, 사람으로부터
새로운 정보나 기회를 획득하는 방법이 기존 인맥을 통해 새
로운 사람을 소개 받거나, 이메일을 주고받거나, 강연에 가서
청중으로 앉아있다가 네트워킹을 하면서 관계를 만들어서 획
득하는 형태인데, 이런 방식들은 탐색 비용 및 거래 비용이
커서 비효율적이라고 생각했다. 이것을 효율적으로 만들려면
목적이 뚜렷하고 관련된 사람들만 모이는 10명 미만의 만남
이 필요하다고 판단했고, 그래서 초창기 위즈돔에는 만남 모
임을 개설할 때 10명이라는 제한 조건을 두었다. 한 대표의
경험에 비추어보았을 때 쌍방 소통의 마지노선은 10명이었던

것이다.

하지만 10명 미만의 모임으로는 한 번의 모임에서 만들어지는 매출이 적어 최소한의 운영 비용을 확보하는 것도 쉽지 않았다. 기존의 경쟁 서비스와 대체재들을 분석했을 때 10명 미만의 소규모 만남을 주로 운영하는 곳은 없었는데, 그런 서비스들을 이용하지 않는 사람들이 모두 위즈덤을 쓸 것인가에 대해서도 확신하기는 어려웠다. 투자사가 걱정하고 고민했던 부분도 바로 이런 점이었다. 경쟁사와 완전히 다른 서비스로 포지셔닝 한다면 경쟁사의 고객은 고려하지 않는 것이 맞는지, 만약 경쟁사의 고객이 위즈덤 같은 서비스도 좋아한다면

위즈덤 창업주인 한상엽 공동대표

경쟁사와 같이 좀 더 큰 규모의 모임을 제공할 경우 그쪽에서 고객을 데려오기가 오히려 수월한 것은 아닌지.

한 대표는 기존의 위즈돔 고객들과 집중 인터뷰를 했을 때 긴밀한 소규모의 관계가 형성되어서 위즈돔이 좋다는 피드백을 많이 받았었다. 만약 규모를 늘리면 이런 초기 이용자들이 서비스를 떠날 지도 모른다는 두려움을 안고 있었다. 투자사의 논리는 '그런 이용자도 있지만 결국 관계를 형성하기 위한 목적은 고급 정보를 습득하는 데에도 있는 것이며, 그런 의미에서 정보 습득을 주로 하는 좀 더 큰 규모의 모임을 시도해도 큰 위험은 없을 것이다'이었다. 일단 현재 이용자에 대해 설문조사를 해 보니 이용자 중 상당수가 중대형 강연 중심의 경쟁 서비스에 대한 경험이 있었다.

격론 끝에 일단 3개월 동안 테스트하기로 하고 참가자 인원 설정 제한을 풀었다. 효과는 바로 나타났다. 일단 아무런 문제도 생기지 않았다. 오히려 전체적으로 모임 생성에 역동성이 생겨서 그 당시 월 결제자가 300명 수준이었는데 제한을 풀고 나서 800명 수준이 되었다. 거의 300% 성장한 것이다. 기존의 충성도 높은 이용자들 중 일부도 이 흐름에 맞추어 원래는 5~6명 정도의 모임을 개설하다가 이후로는 30여 명 정도의 모임을 개설하고 있고 아무런 문제 없이 잘 돌아가고 있다.

"이용자들이 원하는 것은 이럴 것이다라고 창업주인 제가 독자적으로 내린 판단이 틀렸던 것입니다. 만약 이때 결정을 잘못했으면 분명히 회사 문 닫았을 거에요. 모임 참여 인원 10명 제한이 사실상 전체 서비스의 성장 폭을 제한하고 있었으니까요. 그 뒤로는 투자사와 싸울 일이 없었습니다. 정말 감사하게 생각하고 있습니다. 그리고 의사결정을 할 때 최대한 제 주관을 배제하고 실제 사실과 데이터를 기반으로 하려고 많이 노력하였습니다."

이것이 서비스 운영 철학에 대한 피벗의 성공적인 사례라면 서비스 타깃에 대한 피벗에도 중요한 경험이 있었다. 처음 서비스를 준비할 때는 대학생들이 많이 쓸 것이라고 생각해서 취업 관련 콘텐츠나 대학생들이 좋아할 만한 콘텐츠를 기반으로 모임 섭외를 많이 했었다. 그런데 서비스를 운영하면서 나이와 성별을 받아서 나중에 이용 데이터를 뽑아 보니, 활발하게 서비스를 이용하는 계층은 20대 후반에서 30대 중반 사이의 여성이었다. 대학생과는 아예 거리가 멀었던 것이다. 그 뒤부터는 대학생 계층은 아예 신경을 쓰지 않고 있으며 결혼 전까지의 사회 초년생을 명확한 타깃으로 설정하고 공략하고 있다. 좀 더 조사해 보니 이때가 가장 위즈돔 서비스의 구매

력이 높은 라이프 사이클이며, 입사 직후부터 대리가 되기 전
까지가 네트워킹에 대한 필요가 특히 크다는 것을 알았다. 지
금까지 혈연과 학연 네트워킹과는 완전히 다른 성격의 네트
워킹을 해야 하기 때문에 커리어와 네트워킹에 크게 투자하
게 되는 것이다. 이것을 확인한 이후에는 사회 초년생, 이직
준비자, 커리어가 고민인 30대 초반에 맞을 만한 것들로 프로
그램 전부를 구성하고 기획했다. 시작하고 3개월이 지난 시점
에서 이렇게 방향을 전면 수정했다.

위즈돔은 이렇게 실제 서비스를 운영하면서 얻은 경험과 데
이터를 통해 기존의 가설과 전략을 검증하고 전면 수정하여
보다 강력한 서비스로 다시 태어날 수 있었다. 하지만 그 과
정에서 서비스의 기본 철학과 팀의 핵심 역량 활용은 유지했
으니, 정말 모범적인 피벗 사례라고 할 수 있다. 한상엽 대표
는 창업하기 전에는 대우인터내셔널에서 삼국간 무역 일을
했었고, 서비스의 기획과 운영에는 경험이 전혀 없었다. 당연
히 그로스 해킹이나 린 스타트업 같은 방법론의 핵심을 창업
전에 미리 알고 있었던 것도 아니었다. 하지만 창업 초기에
이런 소중한 경험을 하게 됨으로써 이후로는 본격적인 그로
스 해커로 다시 태어나게 되었다.

서비스의 핵심을 결정하는 A/B 테스트

서비스 초기의 피벗 경험 이후, 한상엽 대표는 서비스 디테일에 대한 의사결정을 할 때는 항상 먼저 실험하고 그 결과를 반영하여 최종적으로 서비스 기능을 구현했다. 관련된 다양한 사례들을 소개해 본다.

초창기 웹 사이트 방문 시간을 봤더니 점심 시간과 취침 직전에 많이 들어오는 것을 발견했다. 그 뒤 1년 동안 매일 낮 12시에만 신규 모임 콘텐츠를 모아서 업로드 했다. 이것을 홍보하는 메시지 역시 '매일 12시 새로운 사람들과의 만남이 오픈됩니다'로 만들어서 마케팅을 했다. 이렇게 한 이후 원래 많이 몰려 있던 점심 시간의 유입량이 훨씬 더 커졌고, 이용자들의 반응을 체크해 보니 이 시간을 기대하게 되었다는 것을 확인할 수 있었다. 실제로 인기 있는 개설자의 모임인 경우 12시가 좀 지나면 매진이 되었다. 게다가 꼬박꼬박 업데이트되는 서비스라는 인식도 만들 수 있었는데, 이용자 파티를 해보면 이런 부분들 때문에 위즈돔을 더욱 좋아하게 되었다는 피드백이 많이 나왔다.

이 효과를 확인한 이후로는 시간과 관련된 여러 서비스 요소들을 전부 A/B 테스트 형태로 실험했다. 뉴스레터 역시 테스트를 통해 가장 반응률이 높은 요일과 시간을 찾아서 보내고 있다. 모임 서비스이기 때문에 어느 요일의 어느 시간대에 모임이 생성되었을 때 모객률이 높은지가 중요할 수밖에 없다. A/B 테스트를 반복하면서 위즈돔에 딱 맞는 요일과 시간대를 찾을 수 있었는데 문제는 이런 정보를 정작 모임을 개설하는 이용자들은 알 수 없다는 것이었다.

"위즈돔의 모든 만남 개설은 100% 검수되고 허가제를 통해서 등록됩니다. 만남을 개설하는 분이 신경 쓸 것은 만남에서 어떻게 잘 하느냐이지 다른 것들을 고민하느라 에너지가 분산되어서는 안 됩니다. 만남을 소개하는 콘텐츠의 구성이나 만남의 시간대 같은 다양한 요소들을 개설자가 직접 지정해서 등록 신청할 수 있지만, 전문적인 경험과 지식이 있는 위즈돔의 담당자들이 이에 대해 검토하고 더 나은 안을 만들어서 개설자에게 직접 연락합니다. 더 나은 만남을 만들기 위해서이죠. 이렇게 하기 때문에 만남에 대한 품질 관리가 잘 되고 있으며, 개설자는 물론이고 만남 참여자의 충성도도 높아진 것을 확인할 수 있었습니다."

위즈돔의 비즈니스 모델은 유료 만남의 수수료인데, 개설자가 만남에 얼마의 가격을 책정하느냐에 따라 좌우된다. 그렇다고 무턱대고 높은 만남 가격을 제안하면 만남 자체가 성사

위즈돔을 통한 야외 만남의 한 장면

되지 않기 때문에 적절한 가격을 찾는 것이 중요하다. 물론 현재 위즈돔은 매출을 높이기 위한 최적화보다는 만남이 제대로 성장하기 위한 최적화를 하고 있는데, 여기에서의 핵심은 최적의 가격은 무료가 아니라는 점이다.

"처음에는 저희도 감이 없었습니다. 개설자가 문의해도 제대로 된 안내를 할 수 없었죠. 여러 차례 모임을 개설하는 충성도 높은 분들과 함께 여러 가지 A/B 테스트를 했습니다. 모임을 처음 개설해 보고 위즈돔에서든 다른 곳에서든 아직 개인 브랜드가 형성되지 않은 분들은 서울의 경우 1만원, 지방의 경우 5천원이 최적 가격입니다. 어느 정도 전문성과 경력을 어필할 수 있다면 처음이라도 1만 5천원에서 2만원으로 설정하면 됩니다. 만약 첫 번째 모임을 진행한 이후 바로 앵콜 요청이 들어왔다면 그때부터는 1만 5천원으로 해도 문제 없습니다. 서울의 경우 결제를 주저하게 되는 장벽은 2만원이고, 지방은 1만원입니다. 1년 정도 데이터를 쌓아가며 이런 최적 가격 기준들을 실험해 보니 명확해지더라고요. 이후에는 만약 개설자 분들이 설정한 가격이 부적절할 경우 검수 과정에서 친절히 안내하고 변경할 것인지 확인합니다."

설사 외부 기관의 후원을 통해 사실상 유료이지만 모임 참석자들에게는 무료로 진행할 수 있는 만남이더라도 적정 수준의 참가비를 무조건 내게 하고 있다. 이것도 실험을 통해서 확인한 것인데, 참가비가 무료이면 참가율도 떨어질 뿐만 아니라 참가 이후의 만족도도 떨어지는 것을 확인할 수 있었다. 참가비와 참가율, 만족도 사이의 상관관계에 대한 위즈돔에 딱 맞는 정확한 공식을 한상엽 대표는 꿰고 있었다.

디테일이 힘, 디테일로 구현되는 그로스 해킹

모임이 개설되고 참여 신청을 해도 실제 모임 날짜까지는 기간이 있다 보니 잊어버리고 참석하지 못하는 경우가 종종 생겼다. 게다가 소위 말하는 '코리안 타임'도 문제였다. 제 시간에 참석하지 않으면 그 사람 자신도 손해지만 모임에 참석한 다른 사람들에게도 피해가 갈 수 있고, 개설자 입장에서도 좋은 경험이 아니기 때문이다.

"보통은 모임 개설자가 일일이 문자 메시지나 전화 연락을 해야 하는데 보통 일이 아닙니다. 이런 어려움도 위즈돔이 대신해서 개설자가 최대한 신경을 쓰지 않게 했습니다. 기계적으로 일정 안내 문자 메시지를 보내는 것이 아니라 몇 번에 걸쳐 시간과 상황에 맞는 문자를 보냅니다. 예를 들어 모임 시작 1시간 전에는 '늦을 사람들은 회신 달라'는 내용의 문자를 개설자 명의의 번호로 위즈돔이 보냅니다. 이런 식으로 하다 보니 확실히 참여율이 높아졌고, 개설자도 편해지면서 전체적인 서비스 만족도가 높아졌습니다."

위즈돔에서는 자신을 대변하는 프로필이 '사람책'이라는 형태로 되어 있는데, 이 사람책의 등록 프로세스를 개선해서 등록률을 2배로 늘리기도 했다. 회원 가입과 사람책 등록 사이의 연결고리를 강화한 것이 효과가 있었다. 한편, 만남을 개설하지 않은 이용자도 다른 이용자가 이 사람과의 만남을 원할 경우 신청할 수 있는데, 이 프로세스에 있어서 두 가지 간단한 개선을 통해 사용 횟수를 2배로 만들었다. 신청 버튼을 누를 경우 신청을 받은 사람으로부터 무작정 기다리는 것이 아니라 위즈돔의 매니저가 직접 챙겨서 만남을 주선해 준다는 암시를 추가했고, 신청할 때 메시지 입력 창에 적절한 문구를 자동으로 채워 주는 것이었다. 현재는 관리해야 할 모임 자체가 너무 커지다 보니 신청 부분의 최적화는 일부러 자제하고 있는 중이라고 한다. 서비스의 최적화는 최근에 김종석 공동대표가 중점적으로 보고 있다.

한편, 만남의 참여율을 높이는 가장 기본은 개인별로 적절한 만남을 알려 주는 것이라는 생각에 최근에는 본격적으로 데이터 분석을 하고 있다. 만남이 갖고 있는 키워드들을 분석한 다음에 유사한 키워드들을 갖고 있는 만남에 참여했던 이용자들에게 SMS를 전송하는 방식을 시도해 보았는데, 무작위로 전송했을 때는 1%도 안되던 결제 전환율이 최대 27%까지 올라갔다. 그 뒤로는 항상 이렇게 타기팅 SMS를 활용하며 다양한 경우마다 전환율을 분석하고 그에 맞는 정책들을 수립하고 있다.

오프라인에서의 이용자 반응 분석이 핵심

"우리 서비스는 온라인에서 시작되고 준비하지만 핵심은 오프라인에서 진행되기 때문에 담당자들이 최대한 만남 현장에 나가서 만남이 어떻게 진행되는지를 꼼꼼하게 관찰하고, 현장에서 설문 및 집중 그룹 인터뷰를 많이 활용하기도 합니다."

위즈돔이 관찰하는 것은 그야말로 모든 것이다. 만남 처음에 개설자가 어떻게 시작을 하면 좋은지, 질문과 답변은 어떤 식으로 이루어지는 것이 좋은지, 개설자와 참여자 사이에 상호 작용을 유도하기 위한 도구로 메모지가 좋은지 혹은 어떤 도구들이 좋은지 등 다양한 옵션들을 실험하고 그 결과를 셰도잉shadowing(분석 목표로 하는 사용자의 행동에 대하여 가급적 사용자가 의식하지 않도록 사용자의 일거수일투족을 일정 거리를 두고 떨어져서 객관적으로 관찰하는 UX User Experience 연구 방법론의 하나 – 역자주)하고 있었다. 이 관찰의 대상은 참가자만이 아니라 개설자인 강사도 포함되는데 모임 전과 모임 중, 모임 후에 강사가 어떤 점들을 아쉬워하고, 원하고, 불편해하고, 힘들어하는지를 체크하여 그것을 해결하는 형태로 서비스를 개선했다.

이런 관찰을 데이터 분석과 병행하다 보니 서울 지역의 만남에 참가한 사람들의 15%가 지방 출신이었다는 점과, 더불어 지역간의 이동 패턴에 대해서도 알게 되었다. 중요한 것은 서울이건 지방이건 간에 목적에 맞는 사람이 있으면 만나고 싶은데 지방에서는 찾을 수가 없기 때문에 서울로 온다는 사실이었다. 인터뷰를 하니 화상채팅을 통해 서울에 있는 개설자들과 좀 더 편하게 만나는 것도 좋겠다는 반응이 있어서 콘텐츠 10개를 준비하여 실험했는데 실패로 끝났다. 원인이 무엇일까? 이 과정을 꼼꼼하게 관찰하면서 직접 만나는 것보다 영상으로 만나는 것에 대한 매력도가 떨어진다는 것을 발견

위즈돔 파티 모습

하게 되었다. 그리고 지역간 이동을 편하게 해 주는 것이 핵심일 줄 알았는데, 예상 외로 지방에서 서울로 올라오는 것 자체가 그들에게는 하나의 의미 있고 즐거운 이벤트이자 경험이었던 것이다. 게다가 혼자서 모니터 앞에서 화면을 보고 있는 것을 부담스럽고 불편하게 생각하는 것도 확인할 수 있었다.

> "이러한 반응을 보인 사람들을 인터뷰해 보니, 혼자만 있다는 고립감이 상당히 부담스럽다는 이야기였습니다. 그리고 어떤 사람들이 나와 함께 하고 있는지를 물리적으로 느껴야 그 공간 안에서 자연스럽게 스킨십이 일어날 수 있다는 것을 알게 되었습니다. 그런데 이런 모든 것들이 다 용서가 되는 유일한 예외가 있는데 바로 해외에 있는 사람이 연사일 경우였습니다."

이런 통찰은 숫자 형태로 된 데이터만으로는 알기가 어렵다. 불가능하지는 않겠지만 상당한 시간과 기타 자원이 투입되어야 한다. 그렇게 하느니 위즈돔처럼 서비스가 진행되는 현장에서 고객을 최대한 잘 관찰할 수 있는 방법을 동원하여 확인하는 것이 훨씬 효과적이고 효율적이라는 것을 명심해야 한다.
이런 경험들을 통해서 위즈돔은 지방에서의 서비스 수요에

위즈돔 웹 사이트 메인 페이지

대한 확실한 감을 잡은 뒤 대전, 대구, 부산 지역에 위즈돔 사
람도서관을 추가로 열었다. 2014년 12월 3일 기준으로 위
즈돔을 통해 이루어진 만남은 3,376건이고, 참여한 사람은
25,552명이며, 함께 지혜를 나눈 시간은 64,825시간이다. 이
러한 숫자는 웹 사이트 방문자 수와 같은 허영 지표가 아니라
실제로 의미가 있고 실행 방향을 결정할 수 있는 지표이다.

이런 지표는 위즈돔과 같이 웹 사이트 전면에 공개하는 것도 상당히 효과적인 전략이다. 서비스의 본질에 대해 이용자들에게도 부지불식간에 인식시키면서 회사와 이용자가 같이 서비스를 키운다는 느낌을 만들 수 있다.

끝으로 한상엽 대표가 웃으면서 알려 준 스타트업의 조직 문화 정립을 위한 그로스 해킹 팁 두 가지를 들어 보자.

"저도 처음 창업한 것이라 조직 운영 경험도 없고, 대부분이 주니어라서 시행착오가 많았습니다. 처음에는 자율 출퇴근으로 했다가 현재는 10시 출근 7시 퇴근으로 고정했습니다. 항상 지각이 고질적인 문제였는데요. 벌금이니 뭐니 정말 여러 가지 방법들을 시도해 봤는데 다 실패했습니다. 그러다가 유일하게 성공한 한 가지 방법을 현재까지 계속 사용하고 있습니다. 바로, 지각하면 연대 책임을 지는 것입니다. 누가 됐든지 조직원 전체 기준으로 누적 5번 지각하면 무조건 해당 주에 전원이 주말 출근을 해야 합니다. 1주차에 2번, 2주차에 3번이라면 2주차 주말에 전원 출근해야 하고, 카운트가 0으로 재설정되는 거죠. 그 뒤로 지각이 없어졌습니다. 모든 경우에 적용이 될지는 모르겠지만 주니어가 많은 스타트업이라면 문제 없이 작동할 겁니다.

일의 효율과 효과를 위한 조직 운영 방법도 여러 가지 실험을 했는데 그 중 괜찮은 것 하나를 계속 실천하고 있습니다. 매일 아침에 전 직원이 모여서 각자 오늘 무슨 일을 할 것이고 그 중 가장 중요한 것이 무엇인지 다른 조직원에게 공유합니다. 퇴근할 때는 아침에 공유한 것들을 어떤 식으로 진행했다고 공동대표에게 제출합니다. 이렇게 하고 나서 누가 시키지 않아도 서로 알아서 업무 협조가 제대로 이루어지게 되었습니다."

위즈돔의 전직원 사진. 테이블 오른쪽 끝에 앉아 있는 사람이 김종석 공동대표(사진 출처 : 앤써맘 2014년 11월호 '희망지기' 코너)

위즈돔이 집중해서 보는 그로스 해킹 핵심 지표

- 만남 요청 수
- 성사되는 만남 수
- 판매 완료 건수(자발적 만남과 섭외를 통한 만남 구분, 신규 만남과 앵콜 만남 구분)
- 2차 만남 생성 고객 수(유지율 개념)
- 활성화 고객 수

인터뷰에서 배워야 할 점

잠시 필자의 이야기를 하면, 대학에서 경제학과 응용통계학과 경영학을 전공하고, NHN에서 첫 직장 생활을 했다. 2000년대 초중반을 서비스(게임) 이용자의 서비스 내 행동 패턴 분석을 통해 서비스를 개선하고 전략을 수립하며 매출을 올리는 사업 모델을 만드는 일에 집중했었다. 소위 요즘 화제가 되고 있는 빅데이터와 데이터 과학에 해당되는 일이었다. 당시 고객을 데이터로 파악하는 일만 했던 것이 아니라 직접 고객과 전화하거나 개발팀을 데리고 찾아가서 만나는 등 고객과 접점을 취하는 모든 종류의 일을 했었는데, 그러면서 확실하게 터득한 것이 있다.

데이터 분석은 자칫 잘못하면 데이터 분석 그 자체를 위한 분석이 되어 버릴 위험이 있다. 너무 빠지면 대체 자신이 왜 이런 데이터를 보고 있고, 왜 분석을 하고 있는지 진짜 의미를 잊을 수 있는 것이다. 사실 데이터 분석을 통해 나온 결론보다는 해당 분야에 대해 많은 경험을 통해 직감적으로 답을 알고 있는 사람이 해결책을 제시하는 것이 보다 실용적인 경우가 많다. 결국 이용자와 몸으로 많이 부대껴 본 사람이 진짜 답에 접근하기 더 쉽다는 이야기이다. 그럼에도 불구하고 데이터 분석을 해야 하는 이유, 달리 표현하면 이런 상황에서 해야 하는 데이터 분석은 어떤 것이어야 할까?

조직 내에 경험을 통한 감이 확실한 사람이 있다면 그 사람이 내놓은 가설을 실제 데이터로 검증하는 것부터 시작하는 것이 좋다. 즉, 명확한 목표와 범위를 설정하는 것이다. 그렇게 검증하는 과정에서 감은 감으로 끝나는 것이 아니라 재사용 및 변형 적용이 가능한 강력한 메커니즘으로 변신한다. 이 과정에서 얻는 또 하나의 장점은 분석 과정을 통해 감으로 얻었던 것 외의 다른 값진 통찰을 얻을 확률이 상당히 높다는 것이다. 이 두 가지 관점에서 데이터 분석을 해야 분석을 위한 분석이 아니라 실제 가치를 만들 수 있는 분석이 된다.

앞서 소개한 네 가지 국내 그로스 해킹 우수 사례를 보면 어렵지 않게 공통 키워드를 뽑을 수 있을 것이다. 바로 '고객'이다. 네 가지 사례를 읽으면서 배운 것들 대부분을 이 페이지에 와서 다 잊었다고 해도 앞으로는 잊으면 안 되는 것이 고객이자 이용자이다. 이용자를 고려하지 않은 서비스와 제품은 제품 시장 궁합을 떠나 그 자체로 말이 안 된다. 이용자에게 답이 있고, 앞으로 얻어야 할 질문이 있다. 이용자를 제대로 이해하기 위한 모든 과정과 그렇게 알아 낸 이용자를 더 만족시키기 위한 모든 과정이 결국 그로스 해킹이라고 요약할 수 있다. 현재의 이용자를 이해해야 아직 끌고 오지 못한 잠재 이용자도 이해시켜서 데려올 수 있다는 점에 주의하자. 자신의 제품 안에서 활동하고 있는 이용자를 파악하는 것이 다른 이용자를 파악하는 것에 비해 수천만 배는 쉽다.

한 가지 공통 키워드를 더 꼽는다면 '실천'이다. 사례에서 소개한 어떤 기업도 실천 없이 이용자를 파악하거나, 갑자기 무언가를 만들거나 하지 않았다. 거창하고 원대한 계획을 세운 다음에 실천한 것도 아니다. 실천의 핵심은 무엇일까?

- 당장 할 수 있어야 한다.
- 실천 결과를 바로 확인할 수 있어야 한다.
- 실천을 통해 다음 단계에서 실천할 것이 무엇인지 알아 낼 수 있어야 한다.

이 세 가지 조건을 모두 만족시키는 것이 쉬운 일은 아니지만 불가능한 일은 더더욱 아니다. 가급적 이들을 모두 만족하는 것부터 우선 순위를 두어 실천하는 것이 바로 실천의 핵심이자, 그로스 해킹을 제대로 할 수 있는 기본 원리이다. 그냥한 번 해 보자는 자세도 의미가 있고 특히 처음 해 보는 초보자에게는 상당히 중요하지만, 어느 정도 경험을 쌓은 다음에는 이렇게 하지 않으면 굉장히 비효율적인 그로스 해킹을 하게 되고, 그로스 해킹을 떠나서 무슨 일을 하건 제대로 이루지 못할 가능성이 높아진다.

인터뷰를 통해 소개한 다양한 그로스 해킹 방법들을 그대로 따라 하는 것은 추천하지 않는다. 하는 일에 따라서 그대로 따라 해도 분명 효과가 나는 것들이 꽤 있겠지만 이것은 그로스 해킹의 본질에 맞지 않는다. 자신이 문제와 문제의 원인을 정확하게 이해하고 그로부터 해결책을 도출해서 실행을 한 것이 아니기 때문이다. 구체적인 기술을 따라 하는 것이 아니라 왜 저렇게 했는지를 이해하고, 자신은 어떤 상태이기 때문에 저 기술들을 어떻게 변형하고 최적화하여 적용하는 것이 필요한 지에 대해 파악하는 것이 필요하다.

자극을 받을 필요는 있다. 그렇게 엄청나고 대단한 것이 아니지 않는가? 조금만 연습하면 직접 할 수 있다. 그리고 인터뷰 사례에서 보았던 기업가와 기업들처럼 자신과 자신이 속한 기업을 성장시킬 수 있다.

| 미주 |

1 1989년에 설립된 의류 제조, 유통, 판매 종합 회사로 미국 캘리포니아 로스앤 젤레스에 자리를 잡고 있다. http://www.americanapparel.net.

2 Cost Per Thousand의 약어로 광고가 천 번 노출되는 데에 필요한 비용이다.

3 미국 TV 드라마 시리즈 매드맨(Mad Men)의 주인공으로 광고 회사의 크리에 이티브 디렉터이자 파트너이다. 잘생기고, 키가 크며, 돈 많고, 능력이 있으며, 더불어 여자 관계도 복잡한 캐릭터이다. fyi.so/ggghm01.

4 PR과 광고 업계의 선구자이다. fyi.so/ggghm02.

5 코딩은 프로그램의 코드를 작성하는 일이고, 코더(coder)는 이런 일을 하는 사람이다.

6 페이스북의 핵심 사상이자 플랫폼의 근간을 구성하는 요소로 페이스북 이용 자의 구체적인 정보와 그 사람들이 페이스북에서 활동하는 모든 행동, 그 행 동의 대상들을 잘 정돈된 정보 형태로 구축해 놓고 그것을 페이스북이 허용하 는 규칙 안에서 누구라도 가져다 쓸 수 있게 한 체계 전체를 총칭한다. fyi.so/ ggghm03.

7 Andrew Chen, "Growth Hacker Is the New VP Marketing" April 27, 2012, fyi.so/ggghm28 – 원주.

8 전세계에서 3억 명의 이용자가 사용하는 가장 대표적인 클라우드 파일 저 장 서비스이다. 어떤 장치에서 파일을 생성, 삭제, 저장해도 네트워크로 연결 된 모든 장치에서 자동으로 동기화되는 서비스이자 회사이다. http://www. dropbox.com.

9 미국의 게임 회사로 페이스북의 성장에 힘입어 소셜 게임 부분에서 세계 1위 까지 올랐었다. 스마트폰 게임 시대에 대응을 잘 못해 1위를 내주었지만 여전 히 세계 순위권에 있는 게임 회사이다. http://zynga.com.

10 소셜커머스의 대표주자였던 서비스이자 회사이다. 지역별로 차별된 데일리 딜(당일 파격 할인 상품)이 서비스의 핵심이다. http://www.groupon.com.

11 세계 최대 사진 편집 및 사진 공유 소셜미디어 서비스 앱이다. 세계 최대의 소 셜미디어인 페이스북이 10억 달러에 인수했다. http://instagram.com.

12 전세계적으로 큐레이션 서비스 열풍을 만든 대표적인 큐레이션 서비스이다. 사진을 중심으로 웹상의 콘텐츠들을 수집하여 보기 좋게 보여 주고 공유할 수

있다. http://www.pinterest.com.

13 미국의 유명한 스타트업 인큐베이터 중 하나이다. http://www.techstars.com.

14 미국의 유명한 스타트업 인큐베이터 중 하나이다. http://500.co.

15 저자에게 보낸 이메일, April 18, 2013 - 원주.

16 드롭박스가 만든 모바일 환경에 최적화된 메일 서비스 앱이다. http://www. mailboxapp.com.

17 하루에 12억 개의 메시지를 전송하는 글로벌 메신저 서비스이다. 이용자의 대 다수는 젊은 층으로 주로 사진을 전송한다는 점이 주목할 만하며, 전송한 메 시지는 일정 시간이 지나면 사라지는 특성이 있다. 페이스북이나 알리바바 같은 세계적인 기업들이 스냅챗을 인수하기 위해 열중하고 있는 상황이다. http://www.snapchat.com.

18 전세계에서 1억 명이 넘는 사람들이 사용하는 메모/노트 서비스이다. http:// evernote.com.

19 무료로 개인의 금융을 관리해 주는 웹 서비스이다. 간편하고 직관적인 관리가 가능하며, 이용자들의 자산 관리 상태에 최적화된 금융 상품을 추천하고 해당 금융사에서 수수료를 받는다. http://www.mint.com.

20 그로스 해킹에 도움이 되는 다양한 온라인 도구와 교육을 제공하는 회사이다. 이 회사의 대표 도구들을 모은 서비스가 스모미(sumome.com)이다. http:// www.appsumo.com.

21 웹에 있는 흥미로운 관심사를 자동으로 찾아서 추천해 주는 서비스이다. 상당 한 구전 효과를 만드는 것이 특징이다. http://www.stumbleupon.com.

22 블레어 윗치는 총 75만 달러의 제작비로 전세계에서 무려 2억 4800만 달러의 수익을 거둠으로써 흥행에 성공한 저예산 영화의 대표 사례로 꼽히는 공포 영 화이다. 1억 5천만 달러의 제작비를 들여 7억 달러의 수익을 거둔 대형 블록 버스터인 트랜스포머와 비교한 것이다. http://www.blairwitch.com.

23 기자, 편집자, NYU 저널리즘 조교수. fyi.so/ggghm04.

24 아담 페넨버그가 집필한 책으로 입소문 효과에 대해 체계적으로 기술했다.

25 《Viral Loop: From Facebook to Twitter, How Today's Smartest Businesses Grow Themselves》아담 페넨버그(New York: Hyperion, 2009), 96 - 원주.

26 닷컴버블 시기인 1998년에 샌프란시스코에서 설립되어 애완동물을 위한 물품

을 전문으로 판매한 전자상거래 회사이다. 직원수도 320명까지 갔는데 2년 만에 문을 닫았다.

27 미국의 가장 인기 있는 스포츠 중 하나인 미식 축구의 최종 결승전이다. 많은 미국 국민들이 TV를 통해 경기를 보기 때문에 이 기간 동안 엄청난 물량의 광고비가 집행된다.

28 미국의 유명한 백화점이다.

29 닷컴버블 시기인 1998년에 뉴욕에서 벤처캐피털의 주도로 설립되어 비디오, 게임, DVD, 잡지, 그리고 스타벅스 커피를 1시간 무료 배송으로 내세운 회사이다. 창업자들은 금융권에 종사하던 한국계 미국인이다. fyi.so/ggghm05.

30 불의의 사고로 신체의 상당 부분이 로봇으로 개조된 남자 주인공이 사건을 해결해 나가는 내용의 미국 TV 드라마 시리즈로 1970년대에 인기를 끌었다.

31 페이스북, 트위터, 구글플러스, 유튜브와 더불어 세계 최대 소셜미디어 서비스 중 하나로 전문가들의 네트워킹과 구인/구직이 핵심 서비스이다. 2014년 3분기 기준 3억 3천 2백만 명이 사용하고 있으며, 2009년 이래 사용자 수가 기하급수적으로 증가하고 있다. http://www.linkedin.com.

32 유명한 투자가 폴 그레이엄의 투자 회사와 전세계적으로 명성이 높은 스타트업 인큐베이터인 와이콤비네이터(Y Combinator)가 운영하는 프로그래머와 창업가를 위한 소셜 뉴스 웹 사이트이다. 컴퓨터 과학과 기업가 정신에 대한 다양한 이야기와 뉴스들이 올라온다. http://news.ycombinator.com.

33 플랫폼은 굉장히 폭넓은 의미를 지니는 단어이다. 기본적으로 내부 자원을 보유하여 주체 자신만 사용하는 것이 아니라 그것을 사용하고자 하는 외부 주체들에게도 제공하여 상호작용할 수 있는 체계와 구조를 의미한다. API는 Application Programming Interface의 약자로 소프트웨어 애플리케이션을 만들기 위해 필요한 절차, 프로토콜, 도구를 통칭하는 컴퓨터 과학 용어이다. 즉 플랫폼 API는 플랫폼을 사용하여 애플리케이션을 만들 수 있는 환경 전체를 의미한다.

34 창작물을 만드는 사람과 후원자를 연결해 주는 크라우드 펀딩 사이트 중 가장 유명한 사이트이다. 프로젝트에 기부해서 목표 모금액이 넘으면 후원하기로 한 돈을 내고, 목표액이 안 되면 돈을 내지 않는다. 후원자들에게는 경제적인 이익이 아닌 창작자가 제공하는 독특한 고유의 편익들이 제공된다. 3D 가상

현실 헤드셋으로 세계적인 관심을 모으다 결국 페이스북이 인수한 오큘러스도 킥스타터에서 크라우드 펀딩을 받아 프로젝트가 진행된 사례이다. http://www.kickstarter.com.

35 Kevin J. Clancy and Randy L. Stone, "Don't Blame the Metrics", *Harvard Business Review*(June 2005), fyi.so/ggghm29 – 원주.

36 1983년에 설립된 미국 마운틴뷰에 자리잡고 있는 소프트웨어 회사로, 소규모 사업자들에게 금융 및 세금 관련 소프트웨어와 서비스를 제공한다.

37 기간한정 공동구매나 쿠폰을 통해 반값에 가까울 정도의 큰 폭으로 할인한 제품을 짧은 시간 내에 대량으로 판매하는 형태의 전자상거래 서비스이다. 국내에서는 보통 소셜커머스라고 부른다.

38 저자에게 보낸 이메일, March 18, 2013 – 원주.

39 만약 이 개념에 흥미가 있다면 유명한 전투기 조종사이자 전략가인 존 보이드(John Boyd)와 그의 개념인 OODA Loop를 찾아볼 것을 강력하게 추천한다.

40 프로그래머이자 벤처 캐피털리스트이자, 에세이 작가로 세계적으로 유명한 인물이다. 글로벌로 유명한 스타트업 인큐베이터인 Y Combinator의 공동 창립자이기도 하다. http://www.paulgraham.com.

41 Christine Lagorio-Chafkin, "Brian Chesky, Joe Gebbia, and Nathan Blecharczyk, Founders of AirBnB", last updated July 19, 2010, fyi.so/ggghm30 – 원주.

42 과거 산업용 빌딩이던 건물을 주거용으로 전환한 아파트이다. fyi.so/ggghm06.

43 Laurie Segall, "The Startup That Died So Instagram Could Live", September 13, 2011, fyi.so/ggghm31 – 원주.

44 보도 자료에 쓰는 기본적인 포맷에 대해 큐오라에서 찾아볼 수 있다. 다음 링크에서 체크해 보기 바란다. fyi.so/ggghm32 – 원주.

45 미국의 유명한 토크쇼인 오프라 윈프리 쇼의 진행자이다. fyi.so/ggghm07.

46 이 책은 훨씬 짧은 전자책으로 시작되었고, 그 전에는 널리 알려진 하나의 글이었다.

47 Werner Vogels, "Working Backwards", November 1, 2006, fyi.so/ggghm33 – 원주.

48 실제 제품을 만들기 전에 그 제품의 핵심을 빠르게 구현하여 직접 느낌을 살

펴볼 수 있는 형태. 보통 외형만 구현하는 경우가 많다.

49 인터넷 시대의 초창기에 웹을 서핑할 때 가장 많이 사용된 웹 브라우저의 효시로 무료로 제공되었다. 이후 마이크로소프트의 인터넷 익스플로러의 등장으로 점유율이 낮아졌다.

50 미국 캘리포니아 서니베일에서 1999년에 설립되어 기업 대상의 네트워크와 서버 장비의 관리를 돕는 제품들을 제공하던 회사이다. 세계적으로 유명한 벤처 캐피털 회사인 Andreessen Horowitz의 공동 창립자인 Marc Andreessen과 Ben Horowitz가 함께 창립한 회사이기도 하다.

51 개인에 최적화된 소셜네트워크 커뮤니티를 만들 수 있도록 해 주는 서비스 회사로, 2005년 미국 팔로알토에 설립되었다. http://www.ning.com.

52 Marc Andreesen, "Product/Market Fit", June 25, 2007, fyi.so/ggghm34 - 원주.

53 웹과 모바일 앱을 기반으로 한 서비스에서 성과를 높이기 위한 데이터 측정, 분석, 실험 등을 포괄적으로 제공하는 서비스이다. http://www.optimizely.com.

54 구글 애널리틱스와 같이 웹 사이트에 대한 총체적인 데이터 분석 솔루션을 제공하는 서비스이다. http://www.kissmetrics.com.

55 쉽고 간편한 온라인 설문조사 서비스로 세계적으로 유명하다. http://www.surveymonkey.com.

56 온라인 양식 입력 관리 도구로서 유명한 서비스이다. http://www.wufoo.com.

57 용어 정리 편에서 자세하게 설명한 A/B 테스팅을 제공하는 서비스이다. 현재는 고객 만족도 조사 및 모바일 웹에 최적화된 설문조사 등으로 확대하고 있다. http://qualaroo.com.

58 인바운드 마케팅, 즉 웹 사이트에 잠재 고객을 끌어 모으는 다양한 마케팅과 판촉 도구들을 제공하는 대표적인 미국 회사이다. http://www.hubspot.com.

59 글, 사진, 동영상 등 이용자가 직접 생산한 콘텐츠 및 뉴스 링크 등을 올려서 좋아요/싫어요 투표를 하고 순위를 매기는 엔터테인먼트 소셜네트워킹 서비스이다. 상당한 구전 효과가 발생하는 서비스이며 사람들이 어떤 것에 반응하는지 트렌드를 살펴볼 수도 있다. http://www.reddit.com.

60 사회의 변화를 촉구하는 다양한 활동을 하고 공유할 수 있는 웹 사이트이다. http://www.change.org.

61 Larissa MacFarquhar, "Requiem for a Dream", March 11, 2013. fyi.so/

ggghm35 – 원주.

62 현재 인터넷상에서 사람들이 많이 보고 소셜미디어상에 추천하는 글, 비디오 등 인기 콘텐츠만을 모아서 전시하고 보여 주는 유명한 큐레이션 서비스이다. http://digg.com.

63 기술과 관련된 다양한 뉴스와 콘텐츠들을 큐레이션하여 보여 주는 웹 사이트 이다. 모토는 '너드(기술에 대해 집착하는 사람을 지칭)를 위한 뉴스. 중요한 것들'이다. http://slashdot.org.

64 《뉴욕타임스》는 젯블루(JetBlue)의 기내 TV 서비스를 통해 상당히 비쌌을 '자 사 브랜드 인식용 콘텐트(branded content)'를 제공했다. 장담하는데, 이 기내 TV라는 것은 절대로 결과를 추적할 수 없다. 이런 것은 그로스 해킹이 아니다. 심지어 기내 잡지에 싣는 광고도 아니다.

65 괴짜라고 불릴 정도로 특정한 주제에 몰입하는 사람들을 통칭하는 용어이다. 컴퓨터와 첨단 기술을 이용한 분야에서 주로 사용되던 용어이나 점점 그 쓰임 새가 확장되고 있다. 매니아 정도로 해석할 수도 있지만, 단순히 좋아하는 것 만이 아니라 좋아하는 대상을 통해 추가적인 가치를 만드는 것까지 탐닉하는 경우가 많다.

66 세계적으로 유명한 기술 전문 매체이다. 특히 스타트업과 새로운 인터넷 기 반 제품들에 대해 많은 리뷰와 기사를 내놓는다. 테크크런치 디스럽트라 (TechCrunch Disrupt)는 세계 최대 규모의 스타트업 전시회를 연 2회에 걸쳐 뉴욕과 샌프란시스코에서 개최하기도 한다. http://techcrunch.com.

67 South By SouthWest의 약자로 미국 오스틴에서 매년 열리는 음악, 영화, 인터 랙티브 제품들의 유명한 컨퍼런스이자 축제이다. 새로운 스타트업들이 참여 하여 화제를 불러일으키고 신규 이용자들을 대거 획득하는 컨퍼런스로도 유 명하다. http://sxsw.com.

68 나의 첫 번째 책《나를 믿어라. 나는 거짓말쟁이다》에서 썼듯이 미디어 생태계 는 완전히 변했다. 편집자들이 한정된 양의 이야기만 골라 내보낼 수 있는 신 문과 같이 충분하지 않은 노출 공간과 달리 온라인의 노출 공간은 무제한이 다. 블로거들은 그들의 독자에게 어필할만한 것이라면 무엇이든지 기꺼이 글 을 쓴다는 뜻이다 – 원주.

69 글로벌로 유명한 질문 답변 서비스이다. 국내의 경우 네이버 지식인 서비스와

비유할 수 있다. 질문하는 사람과 답변하는 사람 모두 상당히 수준이 높고 잘 정제된 편이며, 웹 사이트나 블로그 등에서는 일반적인 검색으로 찾기 어려운 고급 정보들을 많이 찾을 수 있다. http://www.quora.com.

70 저자와의 인터뷰, May 24, 2013 - 원주.

71 2003년에 미국 베버리힐스에 설립된 초창기 대표적인 소셜네트워킹 서비스이다. 국내의 원조 소셜네트워킹 서비스인 싸이월드의 미니홈피처럼 개인의 웹 공간에 포인트를 맞춘 콘셉트였다. 많은 인기를 끌었으나 그 기세를 잘 유지하지 못하고 트위터, 페이스북 등에 자리를 넘겨주고 말았다. http://myspace.com.

72 대표적인 글로벌 이용자 기반 식당 리뷰 서비스이다. 지역, 음식 종류, 가격대, 별점, 이동 거리를 고려하여 적절한 음식점을 빨리 찾을 수 있다. http://www.yelp.com.

73 온라인 학습 콘텐츠 거래 시장이자 플랫폼이다. 대학을 중심으로 운영되는 무크(MOOC; Massive Open Online Course)와는 달리 다양한 전문가들이 어떤 종류의 콘텐츠이든 등록하여 거래할 수 있다. 실용적인 기술들을 많이 배울 수 있다. http://www.udemy.com.

74 자신의 프로필을 전세계의 사람들에게 쉽고 효과적으로 어필하는 데에 최적화된 개인 홈페이지 서비스이다. http://about.me.

75 여행에 대해 질문을 올리면 해당 지역의 전문가가 답변을 해 주고, 사람들의 평가를 통해 가장 값진 여행 질문과 답변들이 큐레이션되어 볼 수 있는 서비스이다. http://www.trippy.com.

76 저자의 예전 책 제목이 《나를 믿어라, 나는 거짓말쟁이다》이다.

77 뉴욕 중심가로 주위 건물들의 벽면 전체가 거대한 광고판으로 되어 있어서 밤에도 이 광고들로 휘황찬란한 곳이다. 하루 평균 30만 명이 이 거리를 걸어 다니며 붐빌 때는 46만 명을 상회하고, 통과하는 차량을 통한 사람 수도 11만 5천 명에 이른다. 광고를 했을 때 하루 총 150만 번 노출이 가능하다고 하는데, 그만큼 비용도 비싸 월 한두 번 노출에 수십만 달러를 지불해야 하며 연간 계약이 필요하기도 하다. fyi.so/ggghm08.

78 1995년에 미국 샌프란시스코에 설립된 회사이자 서비스로, 집, 직장, 각종 물건 등 다양한 물품들을 거래를 위해 등록하는 일종의 지역 특화 광고 사이트이다. 1995년에 만들어진 그대로 서비스 개편을 안 한 느낌이 들 정도로 텍스

트 중심의 조악해 보이는 웹 서비스이지만 정말 많은 사람들이 이용하고 거래 하고 있다. http://www.craigslist.org.

79 Chen, "Growth Hacker Is the New VP Marketing" - 원주.

80 온라인상의 여러 도구들을 이용하여 이용자, 잠재 이용자에게 온라인으로 다 가가서 마케팅 업무를 주로 하는 마케터를 말한다. 이메일 마케팅에 특화된 마케터를 다이렉트 마케터라고 부르기도 한다.

81 Sean Ellis, "Awareness Building Is a Waste of Startup Resources", March 7, 2008. fyi.so/ggghm36 - 원주.

82 그루폰과 비슷한 미국의 지역 기반 소셜커머스 기업이다. 한국의 대표 소셜커 머스 업체 중 하나인 티켓몬스터를 2011년에 인수하여 국내에 이름을 알렸다. http://www.livingsocial.com.

83 온라인상에서 다양한 장치를 통해 전세계 수백만 곡 중 마음에 드는 노래를 골라 들을 수 있는 글로벌 서비스이다. 아직 우리나라에서는 서비스를 이용할 수 없다. http://www.spotify.com.

84 Philip Kaplan, "How I Deal with Users Who Steal", updated November 1, 2013. fyi.so/ggghm37 - 원주.

85 Jonah Berger, *Contagious : Why Things Catch On*(New York: Simon & Schuster, 2013), 24 - 원주.

86 소프트웨어 기반의 온라인 가상 화폐이다. 특정 기업이나 국가, 조직에서 소 유하고 발행하는 것이 아니라 전세계 누구나가 참여하여 만들고 거래할 수 있 다. 실제 세계에서 다른 화폐들과 마찬가지로 점점 결제수단으로 인정받고 있 다. http://bitcoin.org.

87 감시 또는 기록을 위한 개인용 화상 녹화 카메라 및 동영상 녹화 솔루션이 다. 카메라를 통해 보이는 시야의 영상이 실시간으로 클라우드 공간에 저장 되어 중요한 순간들을 뽑아내거나 요약 영상을 만들 수도 있다. http://www. dropcam.com.

88 Anthony Ha, "Dropbox CEO: Why Search Advertising Failed Us", October 27, 2010. fyi.so/ggghm38 ; Drew Houston, "Dropbox Startup Lessons Learned," posted April 24, 2010. fyi.so/ggghm14 - 원주.

89 저자에게 보낸 이메일, March 28, 2013 - 원주.

90 모든 소셜미디어 서비스는 팔로우를 하거나 친구 맺기를 하지 않으면 상대방이 올린 콘텐츠를 볼 수 없다. 즉, 서비스에 가입한 직후에는 콘텐츠 목록 화면(보통 뉴스피드라고 한다)에 아무 것도 나타나지 않는다.

91 Richard Price, "Growth Hacking: Leading Indicators of Engaged Users", October 30, 2012. fyi.so/ggghm39 – 원주.

92 일정 기간 임대를 놓을 숙박 시설(집, 콘도, 성 등등).

93 Cortney Boyd Myers, "Airbnb Launches Its Photography Program with 13,000 Verified Properties", October 6, 2011. fyi.so/ggghm40 – 원주.

94 저자에게 보낸 이메일, March 28, 2013 – 원주.

95 Matt Asay, "How Mailbox Scaled to One Million Users in Six Weeks", June 5, 2013. fyi.so/ggghm41 – 원주.

96 Mark Fidelman, "Meet the Growth Hacking Wizard Behind Facebook, Twitter and Quora's Astonishing Success", October 15, 2013. fyi.so/ggghm18 – 원주.

97 http://dogvacay.com.

98 April Dunford, "Top 5 Customer Retention Marketing Tactics", May 27, 2010. fyi.so/ggghm42 – 원주.

99 저자와의 인터뷰, April 24, 2013 – 원주.

100 《포춘》 선정 500대 기업의 하나로 1873년에 설립되었다. 미국의 가장 큰 도서 소매 기업이자 디지털 미디어, 콘텐츠, 교육 제품들을 소비자에게 판매하는 선도 기업이다. 미국 전역에 많은 오프라인 도서 판매점이 있다. http://www.barnesandnoble.com.

101 'BAM!'이라고 많이 부르며, 1917년에 설립되었다. 반스 앤 노블에 이어 미국에서 두 번째로 큰 도서 판매점 체인을 운영하고 있다. http://www.booksamillion.com.

102 디지털 마케팅과 매체 기획을 위한 다양한 종류의 도구와 분석 리포트를 제공하는 회사이다. http://www.compete.com.

103 광고 효과 측정에 대한 전문적인 도구와 실시간 광고 솔루션을 제공하는 기술 기반 회사이다. http://www.quantcast.com.

104 1996년에 Alexa Internet이라는 이름으로 설립되었다. 전세계 웹 사이트들의

트래픽을 수집하고 분석하여 순위 및 기타 정보들을 제공한다. 1999년에 아마존이 인수했으며 초기의 단순 트래픽 정보에서 벗어나 다양한 분석을 통한 통찰을 제공하고 있다. 자사의 웹 사이트는 물론이고 온라인상의 경쟁사 웹 사이트 리서치에 많이 사용되는 서비스이다. http://www.alexa.com.

105 전세계 각지의 개인이 네트워크상에서 파일을 올리고 받고, 공유하는 전세계적인 시스템을 토렌트(torrent) 파일 시스템이라고 하는데, 이 시스템을 이용할 수 있는 다양한 소프트웨어를 제공하는 토렌트이다.

106 Porfirio Landeros,《The 4-Hour Chef: What's the Value of a Listen?》 October 31, 2013. fyi.so/ggghm43 - 원주.

107 검색 가능한 목록을 찾는다면 http://www.reddit.com/reddits를 방문한다.

108 구글 애널리틱스와 더불어 전세계적으로 많이 쓰이는 모바일 앱, 웹 서비스 분석 도구이다. 무료로도 상당히 요긴하게 사용할 수 있다. http://www.flurry.com.

109 질문/답변를 표방하는 서비스지만 대부분이 사진, 그것도 십 대들이 올린 사진으로 질문과 답변을 빙자한 자기 과시 및 관계 형성이 이루어진다. 대부분의 이용자는 13~25세 사이이며, 18세 이하가 전체 이용자의 50%이고, 특히 13세 이하에서는 다른 서비스보다 상당한 유명세를 타고 있다(cnet; fyi.so/ggghm26).

110 짧은 글이나 사진 등으로 콘텐츠를 작성하는 대표적인 마이크로 블로깅 서비스로서 이용자의 46%가 16~24세 사이에 분포한다(Business Insider; fyi.so/ggghm27).

111 어떤 일의 핵심이 되는 것을 측정 가능한 지표로 표현한 것을 의미한다. 오래 전부터 있던 개념이지만 그로스 해킹의 핵심인 측정, 분석, 재실행의 근간에는 지표가 존재하기 때문에 그로스 해킹에서 특히 중요한 개념이다.

112 이 표현은 요기요의 입장이 아니라 고객들이 보낸 반응을 그대로 옮긴 것임을 밝힌다. 모든 공대생이 그런 성향을 갖고 있는 것은 아니지만 3년 반 동안 전자공학을 공부한 공대생이었던 필자 역시 이 부분에 대해 반박하기는 어렵다. 그리고 공대생 같다는 것은 디자인 감각 없이 투박하다는 뜻으로만 해석할 수 있는 것이 아니라 군더더기 없이 간결하고 이해하기 쉬우며 직관적이라는 의미도 된다.

113 어떤 링크(또는 링크를 갖고 있는 배너)가 웹에서 노출된 횟수 대비 실제로

클릭된 비율을 의미한다. 게시된 채널 종류, 게시된 형태(배너 디자인 등), 문구, 게시 시점 등에 따라 0.001% 밖에 안 되는 경우도 있고, 50%가 넘는 경우도 있는 등 값의 범위는 천차만별이다. 기본적으로는 CTR이 높은 것이 좋으며 이것이 1차 목표이다.

114 채널에 게시된 광고 배너가 한 번 클릭되면 채널 소유자에게 광고주가 지불해야 하는 비용을 의미한다. 광고주는 일반적으로 낮은 CPC를 추구한다.

115 고객 생애 가치로서 CLV라고도 한다. 한 명의 고객이 해당 서비스에 잔존해 있는 동안 그 서비스에 기여하는 매출의 총합을 의미한다. CLTV를 계산하는 공식은 '((고객 1인당 기여하는 연간 평균 매출 – 고객 1인당 유지에 소비되는 연간 평균 비용)/(1 – 고객이 다음 해에도 여전히 고객으로 남아 있을 비율 + 이자율)) – 고객 획득 비용'이다.

116 표본을 통해 추출한 웹 서비스의 기본적인 측정 지표를 국내 인터넷 초창기부터 제공해 온 유료 서비스이다. 후에 글로벌 미디어 리서치 그룹인 닐슨(Nielsen)이 인수하여 현재는 닐슨 코리안클릭(Nielsen KoreanClick)이다. 단순 측정 지표만이 아니라 깊이 있는 분석 리포트도 제공한다.

117 광고 비용 책정 방식 중 하나이자 그때의 광고비를 나타내는 단위로 천 번 노출될 때마다 지불하는 비용의 크기이다. CPC는 클릭 당 비용을 지불하기 때문에 많이 클릭할수록 광고비를 많이 내야 하지만 CPM은 노출 기준이기 때문에 몇 번을 클릭했다고 하더라도 노출된 횟수만큼만 지불하면 된다. 클릭은 이용자가 하기 때문에 통제 불가능하지만 노출은 채널에서 하는 것이기 때문에 조정이 가능하다. 따라서 높은 CTR을 통해 광고를 본 사람이 클릭하도록 유도할 자신이 있으면 CPC보다는 CPM 방식이 광고주 입장에서 유리하다.

118 시청률 총합으로서, 특정 기간 동안 내 보낸 광고의 빈도와 해당 채널의 도달률(TV의 경우 해당 시청률)의 곱으로 계산한다.

119 앱 스토어 최적화를 의미한다. 검색 엔진에서 키워드 설정 및 기타 다양한 요소들을 활용하여 최적화하는 작업이 SEO(Search Engine Optimization)인 것처럼, 앱 스토어에서도 비슷한 원리가 적용된다. 이제는 앱 스토어에 앱들이 많기 때문에 과거에 비해 앱 스토어 자체의 검색에 의존하는 경우가 훨씬 많아져 ASO의 중요성이 높아진 상태이다. 앱 이름, 설명, 아이콘, 설명 이미지 등의 최적화를 포함한다.